KB212423

친구의 고백

일러두기

- 본문에 있는 QR코드를 스마트폰 카메라로 스캔하면 다윗과요나단의 찬양을 들을 수 있습니다.
- 본문 사진: 황국명 제공

친구의 고백

행복한 고난의 40년
찬양과 감사 에세이

다윗과 요나단

황국명

사자와 어린양

무명 시절(1985). 왼쪽 황국명, 오른쪽 전태식

무명 시절(1985)

다윗과요나단을 세상에 알린 제4회 극동방송 전국복음성가경연대회
(1985)

1집 <친구의 고백> 재킷 사진(1987)

1집 콘서트 무대(1987년 꿈나무극장)

초청 집회(1989)

4집 <울지 말아라> 재킷 사진(1994)

교회 집회 사역 중(2010)

1집 <친구의 고백> 재킷 사진(1987)

책을 내면서 *14*

아름다웠던 지난 추억들

사랑했었던 많은 친구들

멀고도 험한 고난의 길을

나 이제 말없이 주님을 위하여

초등학교 2학년 때 아버지가 돌아가신 후 어머니와 둘이 지내는 날이 많았습니다. 워낙 내성적인 성격이라 밖에 나가서 놀기보다 집에 있는 시간이 길었습니다. 제가 다섯 살 때 베트남에서 전사한 큰형님이 국가 하사품으로 남기고 간 라디오를 어린 시절부터 매일 끼고 살았습니다. 그러다 보니 노래는 자연스럽게 나의 친구요 위로요 즐거움이었습니다.

반장이 전도하여 고등학교 1학년 때부터 작은 개척교회에 다니게 되었습니다. 아홉 식구가 여관방 한 칸에서 뒹굴어야 하는 것이 싫어서 학교를 마치면 곧장 교회로 달려갔습니다. 기타 치고 노래하고 그러다 공부하고 예배도 하는 교회생활이 참 행복했습니다. 그런데 그것이 저의 평생의 사역이 되었습니다.

큰형님의 원수를 갚기 위해 군인이 되겠다는 꿈이 있어 육군사관학교에 입학하고 싶었지만, 건강에 문제가 생겨 마음을 접어야 했습니다. 차선으로 생각해 두었던 국문과 입학도 좌절되어 담임목사님의 권유대로 신학교에 들어갔지요. 신학교 입학 후에도 글 쓰는 일이 좋아서 학교에 없던 '문우회文友會'를 만들고, 기독교 문학을 연구하고, 교지 편집장도 했습니다. 1987년 크리스챤신문의 신춘문예에 시 <봄비>가 당선되어 '한국크리스챤시인협회' 정식 회원이 되었고, 이후 처음이자 마지막 시집인 《울어야만 웃을 수 있다》(1991)를 발간하기도 했습니다.

하지만 극동방송 전국복음성가경연대회를 통해 세상에 알려진 '다윗과요나단' 활동이 주사역이 되면서 글 쓰는 일은 자연스럽게 묻혔습니다. 기독교 문화 관련 강의도 종종 하다 보니 칼럼을 써달라고 부탁하는 언론사들이 있어 여기저기 글을 게재하면서, 언젠가는 이들을 하나로 묶어 펴내고 싶었습니다. 그러나 원고 마감에 대한 부담과 독촉 가운데 글을 마무리하는 날이 많아 책 출간을 놓고 기도만 했지 정작 진행하지 못하고 있었습니다.

그런데 코로나19 때문에, 아니 코로나19 덕분에 20년 동안 마음에 머물러 있던 책 출간에 대한 기도가 이루어 졌습니다. 그저 감사할 뿐입니다.

코로나19로 인해 주사역인 찬양집회가 전부 취소되면서 어쩔 수 없이 유튜브 온라인 사역을 시작했습니다. 수많은 분들이 다윗과요나단 사역을 응원하며 위로와 간증의 댓글을 달아 주었고, 특히 청년 때 다윗과요나단의 찬양으로 큰 은혜를 받았다는, 이제는 중년을 살아가는 분들의 감동적인 사연이 많았습니다. 그분들 가운데 이 책을 기획하고 출판한 사자와어린양 출판사 대표님도 있었습니다.

하나님의 섭리는 얼마나 오묘한지, 마침 다윗과요나단이 결성된 지 40주년이 되는 이때 출판 제안을 받았습니다. 현장 사역이 많았다면 글로 정리하는 일을 시작할 수 없었을 것입니다. 하지만 코로나19로 집회가 취소되면서 그간의 이야기를 풀어 쓸 수 있었으니 이 또한 은혜입니다.

뒤돌아보니 정말 모든 것이 은혜였습니다. 저의 찬양과 감사의 고백을 통해 살아 계신 하나님이 크게 드러나실 수 있기를 간절히 기도합니다.

코로나 팬데믹으로 일상이 무너진
2021년 10월 어느 날에

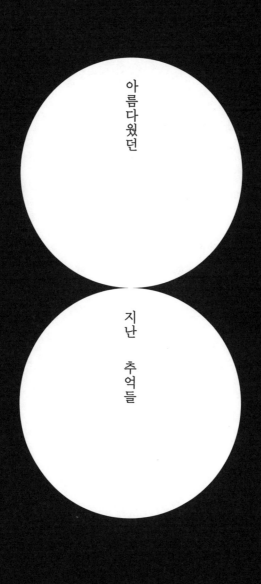

아름다웠던

지난   추억들

친구의 고백

권희석 작사 · 작곡

아름다웠던 지난 추억들
사랑했었던 많은 친구들
멀고도 험한 고난의 길을
나 이제 말없이 주님을 위하여 떠나야지

지난 유월절 저녁 성찬 때
주님과 함께 마시던 핏잔
그 일이 문득 생각이 나면
어느새 내 뺨에 주르르 눈물만이 흐릅니다

새벽닭 울 때 난 괴로웠어
풍랑이 일면 난 무서웠어
하지만 이젠 두렵지 않아
이 세상 끝까지 주님을 위하여 죽을 텐데

(후렴)
수없이 많은 사람들 위해 당신이 바친 고귀한 희생
영원히 당신과 함께 있고과 사랑의 십자가를 맞이하네

✦

　　<친구의 고백>이 제 인생 최고의 선물이 될 줄 그땐 정말 몰랐습니다.

　　1981년, 대학에 다니던 친구 전태식과 저는 기타를 치며 노래를 하고 있었습니다. 반에서 덩치가 제일 컸던 반장의 주먹전도로 고등학교 1학년 때 제가 먼저 끌려 나간 교회에, 태식이는 그 반장 친구에 의해 2학년 때 끌려 나왔습니다. 그때나 지금이나 태식이의 노래솜씨는 많은 사람을 감동시킵니다. 교회에 나온 지 몇 주 되지도 않았는데 태식이가 고난주간에 기타를 치며 부른 찬양에 온 교우가 눈물을 흘리기도 했으니까요.

　　저희는 서울 은평구의 작은 개척교회에 다니고 있었는데, 교회가 부흥해 새 성전을 건축하던 중이었습니다. 시멘트 마감만 해놓은 미완성 건물 지하실에서, 아픈 처지에 있는 친구를 위로할 마음으로 카세트에 공테이프를 넣고 기타를 치며 노래를 녹음하고 있었습니다. 지하실은 음향기기가 없어도 공간의 울림이 좋아 노래 부르기에 안성맞춤입니다. 거기에 태식이의 화음까지 들어가니 그야말로 환상이었습니다.

　　마침 우리 곁을 지나가던 청년부 회장이 저희 노래를 듣고는 본인의 결혼식에 축가를 부탁했습니다. 무슨 객기인지, 비록 아마추어였지만 팀 이름을 지어 결혼식

순서지에 넣고 싶었습니다.

그 시절 듀엣 가수들의 이름은 거의 다 '누구와 누구' 형식으로 되어 있었습니다. '금과 은', '현이와 덕이', 심지어 '하사와 병장'이라는 이름의 팀도 있었기에 유행에 따라 한 사람씩 이름을 따서 "'식'이와 '명'이"도 생각해 보았습니다. 하지만 신학생이던 제게 성경 속 아름다운 친구인 '다윗과 요나단'이 번뜩 떠올랐고, 태식이도 좋다고 호응했습니다. 듀엣 '다윗과요나단'이 탄생하는 순간이었습니다.

종로1가에 있는 상동교회에서 선배의 결혼식이 열렸습니다. 음향시설이라고는 마이크 한 대가 전부. 두 사람이 기타를 치며 노래를 해야 하는데 마이크 스탠드가 없으니 누군가 마이크를 들어 저희에게 대주었습니다. 노래하는 동안 무지 떨리고 힘든 데다가 관객의 반응이 침묵을 넘어 무서운 표정을 하고 있어서 '축가를 망쳤구나' 싶었습니다. 그런데 결혼식이 끝난 후 너도나도 축가가 아주 좋았다며 연락처를 달라고 했습니다. 그 후 다윗과 요나단의 주된 무대는 결혼식 축가 자리였고, 헌신예배나 문학의 밤에 가끔 찬조 출연을 해 노래를 불렀습니다.

그러다가 1984년 제가 신학교에서 '문우회'라는 이름으로 문학동아리를 만들어 기독교 문학을 연구하던 때, 수필가이자 지도교수님이셨던 유관지 목사님이 극동방송에서 주최하는 전국복음성가경연대회가 있다면서 초대권을 주었습니다. 세종문화회관에서 열린 제3회 대회를 관람하다가 '나도 저 무대에 서고 싶다'라는 열망이 솟구쳤습니다. 이것저것 생각할 겨를도 없이 태식이에게 물어보지도 않고 덜컥 지원서를 냈습니다.

그런데 문제가 생겼습니다. 전국복음성가경연대회는 창작곡으로 참가해야 했던 것입니다. 불현듯 학교 채플 시간에 특송을 했던 권희석 전도사님(연배는 저보다 높지만 신학교 후배로 후에 목사가 되었습니다)이 떠올랐습니다. 용기를 내어 찾아가 사정을 이야기하고는 곡을 좀 줄 수 있느냐고 물었더니 16절 갱지에 삐뚤삐뚤하게 그린 악보 하나를 내밀었습니다.

아름다웠던 지난 추억들
사랑했었던 많은 친구들
멀고도 험한 고난의 길을
나 이제 말없이 주님을 위하여 떠나야지…

1985년, 제4회 극동방송 전국복음성가경연대회가 세종문화회관대강당에서 열렸습니다. 저와 태식이는 다윗과요나단이라는 팀명으로 참가해 권희석 전도사님이 갱지에 그려 준 <친구의 고백>을 불렀습니다. 대회 실황이 녹음되어 방송을 타면서 놀랍게도 정식 음반을 내기 전에 이미 많은 사람들에게 다윗과요나단이 알려졌습니다.

저희는 그 대회에서 '특별상'을 받았습니다. 특별상은 대중에게 가장 빨리 호응을 받을 만한 곡을 대회 전야제에서 PD들이 뽑아서 주는 상입니다. 대상, 금상, 은상, 장려상과 같은 본상이 아니라 번외로 주는 상이지만, PD들의 안목이 적중해 전야제에서 특별상을 받은 곡은 본상에서 대상이나 금상을 받곤 했습니다. 그런데 저희는 특별상을 받고도 본상을 받지 못했습니다.

제가 너무 긴장하여 몇 군데 틀리는 바람에 본상을 받지 못했다고 생각해 30년 넘게 태식이에게 미안한 마음이 있었습니다. 그런데 복음성가경연대회 최장수 심사위원인 윤형주 장로님을 통해 얼마 전에야 그 진실을 알게 되었습니다.

당시에는 클래식 음악을 전공한 교수나 교계를 대표하는 어른들이 복음성가경연대회의 심사를 맡았습니다. 그분들은 복음성가에 대해서 잘 모르는 데다가 터부시하던 분위기여서 대중음악 전문가인 윤형주 장로님의 조언을 듣고 점수를 주곤 했다고 합니다. 저희가 출전한 대회 때 윤형주 장로님이 마침 사회를 맡게 되면서 심사위원들에게 조언을 해줄 사람이 없어 심사 기준이 사라져 버렸고, <친구의 고백>은 완전히 대중가요풍이어서 제일 낮은 점수를 받게 되었다는 이야기였습니다.

그런데 하나님의 일하심은 참 놀랍습니다. 그때 대상과 금상 등 큰상을 받은 사람들은 온데간데없지만 본상을 받지 못한 저희는 살아남아 온 세상을 누비며 찬양을 하고 있으니 말입니다. 그저 감사할 뿐입니다.

특별상 수상자가 본상에 오르지 못해 PD들이 자존심이 상했는지 아니면 저희에게 미안했기 때문인지 모르겠지만, 대회 이후 방송에서 일제히 <친구의 고백>을 틀어 주어 이 곡이 전국적으로 인기를 얻으면서 엄청난 사랑을 받게 되었습니다.

이 노래 한 곡으로 저와 태식이의 인생이 달라졌고, 사역의 방향이 바뀌었습니다. 무명의 교회 친구 다윗과요나단은 이제 40년 동안 전 세계를 돌아다니며 찬양을 하는 찬양사역자이자 목사가 되었습니다. 가는 곳마다 <친구의 고백>을 기억하며 각자 받은 은혜를 나누어 주는 그리스도인 친구들이 얼마나 많은지요.

이 찬양 덕분에 온 가족이 예수를 믿게 되었다는 어느 청년을 수련회에서 만났습니다. 오랫동안 지병을 앓고 있다가 이 찬양을 듣고 묵상하는 동안 건강을 회복했다는 사모님도 만났습니다. 한 할머니가 다윗과요나단의 테이프를 열다섯 개쯤 사서 마지막 숨을 거두실 때까지 들으셨고, 평생 모은 재산을 교회를 통해 하나님께 온전히 드리고 하늘나라로 가셨다는 간증도 지인을 통해 전해 들었습니다.

어느 날 집회가 끝난 뒤 한 자매가 저에게 다가와 말을 붙였습니다.

"백혈병을 앓던 친구가 다윗과요나단 찬양을 들으며 고통도 잊은 채 하늘나라로 갔습니다. 친구가 다윗과요나단을 만나면 꼭 고맙다는 이야기를 전해 달라고 했어요."

군대에서 훈련을 받다가 심장마비로 죽을 뻔한 형제가 이 찬양을 통해 다시 일어나 신문 기자가 되었고, 자살을 하려던 젊은이가 돌이켜 목회자가 되는 기적과도 같은 일도 일어났습니다. 사업에 성공해 남부럽지 않게 살던 분이 LA 폭동 때 흑인이 쏜 총에 맞아 전신마비 환자가 되어 수없이 자살을 시도하다가 다윗과요나단의 찬양을 듣고 마침내 세상이 줄 수 없는 평안을 맛보았다는 간증도 들었습니다.

그들의 한결같은 고백은, 절망에 빠져 있을 때 하나님이 다윗과요나단의 찬양을 듣게 하셨고, 찬양을 통해 회복시켜 주셨다는 것입니다.

<친구의 고백> 가사에 등장하는 베드로처럼 기적을 체험하고도 눈앞의 현실만 크게 보아 의심하며 두려

워하다가 물에 빠져 허우적거리던 우리, 믿음이 좋을 때는 주님을 위해 죽겠다고 장담하지만 작게라도 어려움이 찾아오거나 내게 불이익이 생길 것 같으면 예수님을 부인하고 심지어 저주까지 했던 우리입니다. 하지만 베드로 사도가 부활하신 예수님을 만난 뒤로 순교의 길을 당당히 걸어갔던 것처럼, 우리 또한 부활하신 주님을 만나면 고난과 역경의 삶도 기꺼이 주님 주신 길로 받아들이고 걸어갈 수 있으리라고 확신합니다.

친구의 고백

요한의 아들 시몬아

권희석 작사·작곡

요한의 아들 시몬아 네가 다른 사람들보다
나를 더 사랑하느냐 하고 주님은 물으셨네
요한의 아들 시몬아 네가 다른 사람들보다
나를 더 사랑하느냐 하고 주님은 물으셨네

요한의 아들 시몬아 네가 다른 사람들보다
나를 더 사랑하느냐 하고 주님은 물으셨네
내게 오는 많은 양 떼 네게 맡겨 줄 테니
사랑하는 내 친구여 많은 양 떼를 부탁한다

(후렴)
그때 나는 주께 대답했네 내가 주를 사랑하는지
주님께서 아십니다 주님께서 내 마음을 아시리

✦

　<친구의 고백>이 큰 인기를 누리던 어느 날 극동방송에서 연락이 왔습니다. 방송국에 와서 다른 노래를 녹음해 줄 수 있느냐는 문의였습니다. 뜻밖의 요청에 적잖이 당황했습니다. 그 시절에는 저희 찬양을 알릴 수 있는 유일한 방법이 라디오 방송을 타는 것이었습니다. 많은 사람들이 방송국에 엽서나 편지, 팩스를 이용해 사연과 함께 신청곡을 적어 보내는데, 어떤 분이 <친구의 고백> 말고 다윗과요나단의 다른 노래도 좀 틀어 달라고 요청을 했답니다. 아직 음반도 없는 터라 오로지 대회 실황 음원만 존재했고, 저희 노래라고는 <친구의 고백> 한 곡뿐이었는데 말입니다. 준비된 게 아무것도 없던 저희는 염치 불고하고 또다시 권희석 전도사님을 찾아갔습니다.

　"청취자들이 다윗과요나단의 다른 곡을 찾는다고 극동방송에서 연락이 왔어요. 혹시 만들어 놓은 노래가 또 있을까요?"

　그때 건네받은 곡이 <요한의 아들 시몬아>입니다.

　1994년 출시된 5집 음반에 실린 <주만 바라볼찌라>가 발표되기 전까지 사람들은 다윗과요나단 하면 <친구의 고백>과 <요한의 아들 시몬아>를 떠올렸습니다. 이 두 곡은 정식 음반 작업을 통해 나온 것이 아니라 대회 실황과 라디오 방송국 스튜디오에서 기타만 이용해 어설프게 부른 노래인데, 전국으로 퍼져 나가 수많은 사람들을 소생시켰습니다.

특별히 <요한의 아들 시몬아>는 목사님들의 간증이 많은 곡입니다. 5집 음반을 발표하고 열심히 활동을 하던 저는 건강에 문제가 생겨(구체적인 이야기는 뒤에서 또 말씀드리겠습니다) 1년간 요양하고 돌아올 것을 계획하고 1999년에 미국으로 갔습니다. 그런데 본의 아니게 약 14년을 미국에서 살게 되었습니다. 그곳에 있는 동안 찬양집회나 부흥회에 초청을 받아 가보면 이렇게 고백하는 분이 적지 않았습니다.

"언어도 안 되고 경제적으로도 너무 힘들어 더는 견딜 수 없겠다 싶은 날이 많았습니다. 이제 그만 공부를 포기하고 고국으로 돌아가고 싶던 어느 날, <요한의 아들 시몬아>가 흘러나오더군요. 여러 번 들은 노래인데, 그날따라 어찌나 눈물이 나던지요. 이 노래가 저를 회개하게 했고, 이후 마음을 다잡고 공부에 전념해 목사가 되었습니다."

한번은 플로리다 마이애미의 작은 교회에서 3일 동안 찬양부흥회를 인도하는데 한 청년이 찾아왔습니다. 그는 불법체류자로 살아가는 게 너무 고단하고 힘들어 자살을 결심하고 바다를 향해 차를 몰았답니다. 한참을 달리던 중 카오디오에 늘 들어 있던 CD에서 <요한의 아들 시몬아>가 흘러나왔습니다. 노래를 듣던 청년은 차를 세우고 펑펑 울었습니다. 마음을 가라앉히고 돌아와 지금은 찬양인도자가 되었다고 고백했습니다.

함께 사역하는 전태식 목사도 <요한의 아들 시몬아>와 관련하여 수많은 간증을 갖고 있습니다. 그중 어느 할머니 권사님의 이야기는 이렇습니다. 40년 전 한국에서 미국 남자와 결혼해서 남편을 따라 미국행 비행기를 탔습니다. 그러나 공항에 도착하자마자 버림을 받았습니다. 말 한마디 통하지 않는 나라에서 구걸을 하며 지내야 했습니다. 이렇게 시작된 타국살이를 견디게 해준 노래가 있다면서 집회 후 식사를 하러 가는 차 안에서 권사님이 음악을 틀어 주었는데, 바로 <요한의 아들 시몬아>였습니다. 얼마나 많이 들었던지 테이프가 늘어져 전 목사가 듣기에는 이상한 소리가 났지만 노권사님은 눈물을 흘리며 그 찬양을 감상하더라는 간증은 생각할 때마다 감동이 됩니다.

<요한의 아들 시몬아>는 제게도 특별한 간증이 있습니다. 다윗과요나단을 시작한 것은 남다른 사명이 있어서가 아니었습니다. 어릴 때부터 노래 부르기를 좋아했

고, 친구와 기타 치며 화음 맞추는 것이 행복했고, 이곳저곳에서 불러 주고 박수를 치니 신나서 다녔던 것입니다.

얼떨결에 다윗과요나단이 만들어지고 한번에 인기가 생기면서 활동은 많아졌지만 대중가수처럼 큰돈을 버는 자리는 아니었습니다. 옆에서 도와주는 사람도 없이 음반 작업 비용을 마련하고 공연도 하며 일정도 관리하는 등 온갖 일을 하다가 저는 정신적·체력적으로 한계를 느꼈습니다. 수많은 사람이 다윗과요나단의 찬양을 듣고 간증을 하는데, 정작 노래를 부르는 나는 생활비를 마련하느라 늘 허덕이고, 콘서트를 열거나 음반을 제작하면 오히려 빚이 늘고, 죽으라고 활동해서 그 빚을 갚기에 급급한 처지가 오랫동안 참으로 원망스러웠습니다.

한번은 집회를 시작하려는데 '하나님, 이렇게 열심히 찬양을 하러 다니는데 이게 뭡니까?' 하는 회의감이 훅 밀려왔습니다. 그래도 마음을 가다듬고 여느 때처럼 <요한의 아들 시몬아>를 불렀습니다. 그런데 그날, 수천 번을 부르면서도 듣지 못한 하나님의 도전이 가슴에 와 닿았습니다.

"국명아, 너는 나를 사랑하니?"

이 질문이 제 심령에 부딪혀 와서 늘 훈련된 대로 "아멘!" 했습니다. 그런데 조금 후에 또다시 같은 질문이 부딪혀 왔습니다.

"국명아, 너 정말 나를 사랑하니?"

'대답을 했는데 왜 또 물으시지?' 하는 마음에 주춤했다가, 기어드는 소리로 다시 "아멘" 했습니다. 그런데 조금 후 다시 "국명아, 너 정말 나를 사랑하니?" 하는 세 번째 질문이 부딪혀 왔습니다. '아, 내 삶에, 찬양에, 사역에 문제가 있구나' 직감하고, 집회가 끝난 뒤 바로 기도원 기도굴에 들어가 밤새도록 회개하며 울었습니다.

그리고 새벽이 되어서야 왜 제게 이런 도전을 주셨는지 깨달았습니다. 주님을 사랑한다고 날마다 고백하고, 찬양하고, 심지어 집회 현장에 설 때마다 도전적인 메시지를 소리 높여 전했지만, 밤새도록 회개하며 돌아본 제 모습에는 주님보다 사랑하는 것이 참 많았습니다. 물질과 명예와 축복을 사랑하니 기도할 때마다 그것을 달라고 졸랐고, 사역도 물질과 명예와 축복을 얻기 위한 방편이 되어 있었습니다.

그날 저는 온전히 회개하였고 목사로, 찬양사역자로, 사명자로 거듭날 수 있었습니다. 어디든지 이 몸을 부르는 곳이면 달려가겠노라고 하나님께 헌신을 결단했습니다. 여전히 부족한 사람이지만, 그날 주님께 바친 기도대로 살고자 오늘도 기타를 메고 먼 길을 달려갑니다.

신앙생활을 오래하다 보면 잘 훈련된 대답이 아무 생각 없이 자동응답기처럼 나올 때가 있습니다. 하지만 하나님 앞에 철저히 나를 돌아본 후에 다시 이 질문에 답해 보면 어떨까요?

"○○야, 네가 다른 사람들보다 나를 더 사랑하느냐?"

"주님께서 아십니다. 주님께서 내 마음을 아십니다!"

요한의 아들 시몬아

주님여 이 손을

주님여 이 손을 꼭 잡고 가소서
약하고 피곤한 이 몸을
폭풍우 흑암 속 헤치사 빛으로
손잡고 날 인도하소서

인생이 힘들고 고난이 겹칠 때
주님여 날 도와주소서
외치는 이 소리 귀 기울이시사
손잡고 날 인도하소서

When my way grows drear, precious Lord linger near
When my life is almost gone;
Hear my cry, hear my call, hold my hand lest I fall;
Take my hand, precious Lord, lead me home.
Take my hand, precious Lord, lead me home.

✦

육군사관학교에 가려고 학원도 다니며 준비했는데, 고3 때 건강이 나빠져 꿈을 접어야 했습니다. 저희 집 가정형편으로는 대학교 학비를 감당할 수 없어 대학에 다니려면 어떻게든 장학금을 받아야 했습니다. 4년 장학금을 받기 위해서는 입학 성적을 더 올려야 했기에 국문과를 생각하고 재수를 하고 있었는데, 담임목사님이 신학교 입학을 권유했습니다. 전국여전도회연합회 장학금으로 4년 동안의 학비를 책임지겠다는 말씀과 함께. 주변 어르신들도 "국명아, 넌 주의 종이 되어야 한다"라는 말을 자주 했기에 목사님의 말씀이 하나님의 부르심인 줄 알고 신학교 입학을 결심했습니다.

드디어 입학시험을 치렀고, 우수한 성적을 받았습니다. 그런데 이게 웬일입니까? 제가 학교에서 장학금을 받게 되었다는 소식을 들은 목사님이 여전도회연합회에서 주는 4년 장학금을 다른 학생에게 주기로 결정한 것입니다. 하지만 우리 학교에서 나오는 장학금은 한 학기 학비 면제 장학금이었습니다.

높은 성적을 유지해야만 장학금을 계속 받을 수 있어서 정말 열심히 공부해 4학년 1학기까지 받았습니다. 하지만 폐결핵 때문에 네 번이나 낙방한 군입대 신체검사에서 비활동성 폐결핵 판정이 내려져 마지막 학기를 앞두고 보충역 입영 통지를 받았습니다. 입대 후에는 군 종병으로서 군부대 교회 피아노 반주병으로 출퇴근하게 되었습니다.

제가 다니던 대전침례신학대학 서울캠퍼스는 수업이 야간에 있었습니다. 그래서 학교를 계속 다니면서 군종 업무를 감당했습니다. 주일예배 반주를 시작으로 나중에는 성가대 지휘자, 주일학교 전도사로 수요예배와 장교 가족 구역예배, 장병 신우회 예배까지 인도하다 보니 공부할 틈이 없었습니다. 결국 좋은 성적을 유지하지 못해 마지막 학기 장학금을 놓쳤습니다. 학비를 해결하지 못한 저는 그 상태로 졸업시험을 치르다가 시험장에서 시험지를 빼앗기고 말았습니다.

졸업시험을 보지 못하면 졸업할 수 없어서 서무과로 달려가 사정사정했지만, 학교 규칙을 어기면서 저만 봐줄 수는 없다는 당연한 대답뿐이었습니다. 하늘이 무너지는 좌절감이 밀려왔습니다. 제가 시험을 마치고 나오면 극동방송 복음성가경연대회 수상자들 모임에 같이 가려고 친구 태식이가 학교 앞에서 기다리고 있었습니다. 시험을 못 치렀으니 예상보다 빨리 나와 시간이 남았고, 저희는 모임 장소인 서울교대 앞 충신감리교회 소예배실에 약속보다 두 시간쯤 일찍 도착했습니다.

저는 아무도 없는 예배당 맨 뒷자리에 철퍼덕 앉아

서 땅이 꺼져라 한숨을 쉬었습니다. 가난하긴 했어도 그동안 누구를 원망해 본 적이 없는데, 그날은 일찍 돌아가신 아버지도 원망스럽고, 능력 없는 어머니도 원망스럽고, 막냇동생의 마지막 학비 하나 도와주지 못하는 7남매나 되는 형과 누님들도 원망스러웠습니다. 그리고 하나님께도 원망의 한숨을 쏟아 놓았습니다.

그 어떤 말도 제게 위로가 되지 않음을 알아차린 친구 태식이가 예배실 앞쪽에 놓인 피아노에 앉아 노래를 부르기 시작했습니다.

주님여 이 손을 꼭 잡고 가소서
약하고 피곤한 이 몸을
폭풍우 흑암 속 헤치사 빛으로
손잡고 날 인도하소서

바로 <주님여 이 손을>이라는 곡이었습니다.

처음 몇 번은 위로하려는 친구의 정성이 전해져 왔지만, 그 정도에 가라앉을 마음 상태가 아니었습니다. 찬양을 하든지 말든지 여전히 한숨만 내쉬고 있는데, 태식이는 다른 찬양으로 넘어가지 않고 계속 같은 곡만 불렀습니다. 어느 샌가 제 입에서도 "주님여 이 손을 꼭 잡고 가소서…" 하며 같은 찬양이 흘러나왔고, 친구는 더 큰

소리로 불렀습니다. 그리고 제 눈에서 눈물이 쉼 없이 쏟아졌습니다. 지금 생각해 보니 한 시간 넘게 이 찬양만 부른 듯합니다. 사실 이건 노래가 아니라 눈물콧물과 함께 토해져 나오는 절규였습니다.

평소 제가 부르던 음역대보다 한참 높았지만 음 따위는 중요하지 않았습니다. 목소리가 뒤집어지고 때론 요들송이 되어도, 피를 토해 내듯 마음을 쏟아 찬양을 부른 뒤 한숨을 훅 하고 내쉬니 그 답답했던 마음이 후련해졌습니다. 그렇게 한참을 울며 악을 쓴 후 몸과 마음을 추스르고, 아무 일도 없었다는 듯이 모임에 참석했습니다. 찬양이 마음에 새겨지니, 친구가 성경을 펴서 가리켰던 이사야 41장 10절 말씀이 저를 붙들었습니다.

두려워하지 말라. 내가 너와 함께함이라.

놀라지 말라. 나는 네 하나님이 됨이라.

내가 너를 굳세게 하리라.

참으로 너를 도와주리라.

참으로 나의 의로운 오른손으로 너를 붙들리라.

놀랍게도 사흘 후에 누군가의 헌금으로 학비가 해결되었습니다. 그리고 졸업시험 대신 엄청난 양의 과제를 제출하고 무사히 졸업할 수 있었습니다. 이런 사연을 담아 <주님여 이 손을>을 저희 1집 음반에 넣게 되었습니다.

이 찬양은 2절까지밖에 없는 데다 노래가 짧아서 영어 가사까지 이어서 부릅니다. 1990년대 초 미국 집회를 갔는데, 진행자가 영어 노래도 있느냐고 물어서 <주님여 이 손을>에 영어 가사가 있다고 대답했더니 "그 노래가 영어였느냐"고 되물었습니다. 저희는 영어로 노래한다고 생각하며 불렀는데, 저희 발음을 미국 사람들은 전혀 알아듣지 못했던 것입니다.

다윗과요나단이 부른 찬양에는 수많은 간증이 있습니다. 저희가 만든 곡에도 당연히 사연이 있지만, 다른 분이 작사·작곡한 곡들에도 하나님이 삶의 여러 간증을 만들어 주셔서 집회 때마다 나누고 있습니다. 이 또한 은혜입니다.

주님여 이 손을

담대하라

문찬호 작곡

이것을 너희에게 이름은 너희로 내 안에서
평안을 영원토록 누리게 하려 함이라

이것을 너희에게 이름은 너희로 내 안에서
사랑을 영원토록 누리게 하려 함이라

세상에서 너희가 환난을 당하나
담대하라 세상을 이기었노라 하시니라

이것을 너희에게 이름은 너희로 내 안에서
축복을 영원토록 누리게 하려 함이라

✦

　<담대하라>는 1985년 극동방송 전국복음성가경연
대회에 <벙어리가 되어도>로 참가했던 문찬호 목사님
의 곡입니다. 요한복음 16장 33절, "이것을 너희에게 이
르는 것은 너희로 내 안에서 평안을 누리게 하려 함이라.
세상에서는 너희가 환난을 당하나 담대하라. 내가 세상
을 이기었노라"라는 말씀을 가사로 한 곡으로, 저희 노래
가운데 <친구의 고백>, <요한의 아들 시몬아> 다음으로
많은 사랑을 받은 찬양이라서 집회에 가면 꼭 부릅니다.

　1987년 1집 음반을 낼 당시, 저는 기념 음반 한 장만
만들고 나서 다윗과요나단 활동을 끝맺으려고 했습니
다. 제가 섬기던 교회 담임목사님이 세계선교를 꿈꾸며
이민 신청을 해놓은 터라 부목사님이 목회를 이어 가고
있었습니다. 그런데 부목사님마저 갑자기 사임하는 바
람에 전도사였던 제가 담임목회를 해야 하는 처지에 놓
였습니다. 아직 어렸고, 담임목회를 생각해 보지 않았던
지라 이리저리 도망 다니다가 결국 무릎을 꿇고 부르심
에 순종하게 되면서 다윗과요나단 활동을 접어야 하는
상황에 맞닥뜨렸습니다.

　그런데 1집 음반을 내고 몇 달 후 2집을 만들자는
제안이 왔습니다. 아직 미혼이었지만 교회 사정으로 목
사안수를 급하게 받고 결혼도 해야 했습니다. 하지만 결

혼자금이 한 푼도 없었습니다. 그러던 차에 2집 제작 제안이 오니 혹시 결혼자금을 마련해 주시려는 하나님의 계획이 아닌가 싶어 음반 작업에 참여하기로 했습니다.

대중가요계도 사정이 비슷하겠지만, 신인가수는 음반 한 장 내는 것이 꿈입니다. 그래서 계약 조건을 따지지 않거나, 어떤 경우에는 본인이 제작비를 부담하기도 합니다. 저희는 평소 저희를 아껴 주던 극동방송 김미정 PD님이 매니지먼트를 해준 덕분에 최고의 편곡자와 연주자들이 참여해 음반을 만들 수 있었습니다. (그 시절 복음성가 음반은 신앙이 있는 대중가수가 피아노 반주 하나만 의지해 녹음하는 것이 대부분이었습니다.)

그리스도인 중에 전문 연주자가 거의 없던 시절이라 찬양을 녹음하는 중에도 스튜디오는 늘 담배연기로 가득했습니다. 하지만 신인인 저희는 뭐라 한마디 말도 못 하고 눈치를 볼 수밖에 없었습니다. 대중음악계에서 가장 실력 있는 ○○스튜디오 총무님이 저희를 도왔는데, 나중에 연주자들의 이름을 보고 깜짝 놀랐습니다. 모두 이 분야에서 전설 같은 분들이었습니다.

총무님은 직접 연주하지는 않고 연주자들을 섭외하고 제작사와 협의하는 일을 전담했습니다. 한번은 그분이 지휘를 하며 "자, 다음 곡은 <담대하라>다"라고 하자 연주자 중 한 분이 "뭐? 담배 하나?" 하고선 서로 낄낄 웃는데, 속이 참 쓰렸습니다.

그렇게 제작된 2집이 출시된 지 얼마 되지 않아 일간 스포츠 신문에 "복음성가 밀리언 시대를 열다"라는 제목으로 기사가 났습니다. 정말 많은 분들이 저희 노래를 사랑해 주었고, 음반도 불티나게 팔려 100만 장 이야기가 나왔습니다. 그러다 보니 사람들은 다윗과요나단이 엄청난 돈을 벌어 부자가 된 줄로 알고 있습니다. 하지만 저희는 1집 노래를 부른 대가로 가창료 70만 원을 받아 콘서트 포스터 인쇄비로 쓰고, 2집 제작비로 200만 원을 받아 둘이 반씩 나눈 게 전부입니다. 가진 것이 아무것도 없어서 그 100만 원도 감사히 받아 결혼 비용으로 썼습니다.

앞에서 말씀드린 <요한의 아들 시몬아>를 부르며 기도굴에서 밤새워 하나님과 씨름했던 그날 새벽, 저는 한 가지 놀라운 사실을 깨달았습니다. 주님보다 더 많이 사랑했던 모든 것을 내려놓고 회개하며, 하나님의 부르심이면 어디든 가겠다고 고백하던 그날, 찬양사역자가 되고 나서 처음으로 '하늘의 평안'이라는 것을 맛보았습니다.

그때까지 <요한의 아들 시몬아>를 부르는 곳에서는 어김없이 <담대하라>도 불렀고, 찬양과 함께 요한복음 16장 33절 말씀을 가지고 "진정한 평안은 예수 안에 있습니다", "예수님을 만나면 고난 속에서도 하늘의 평안을 맛볼 수 있습니다"라고 소리 높여 외치고 다녔지만, 정작 제 안에는 그 평안이 없었습니다. 매일같이 초청 집회가 이어지다 보니 감사함보다는 교회 규모와 모인 성도의 수, 그리고 사람들의 반응에 마음을 빼앗긴 적이 많았고, 집회를 마친 뒤 받은 사례비에 기분이 좌우되기 일쑤였습니다.

더군다나 저희는 한 사람이 아니라 두 사람이 같이 움직여야 하는데, 두 사람이 찬양을 해도 한 사람분의 사례비만 주는 교회가 대부분이었기 때문에 아무리 많이 움직여도 그 사례비로 두 가정이 생활하기란 현실적으로 힘겨웠습니다. 그러한 이유로 '찬양사역을 계속해야 하나' 하는 회의감이 몰려올 때가 많았습니다. 하지만 제 안에 있는 감정들을 누르며 순종해야 했고, 그러다 보니 얼굴에 평안이 없었습니다. 집회 현장에 가면 목사라는 이름에 걸맞게 의무적으로 평안을 외쳤지만, 정작 그 평안을 맛보지 못한 것입니다.

그러던 제게 하나님은 그날 새벽, 심령에서 터져 나오는 평안을 맛보게 하셨습니다. 당장 내일이 월세 지불일인데 수중에 돈 한 푼 없고 아이들 학비도 마련해야 하는 절박한 상황임에도, 모든 근심 걱정 염려가 사라지고 그저 감사의 눈물만 흘러내렸습니다.

하나님이 주시는 평안과 기쁨, 요한복음 15장 11절("내가 이것을 너희에게 이름은 내 기쁨이 너희 안에 있어 너희 기쁨을 충만하게 하려 함이라")에서 약속하신 기쁨이 그제야 제 안에 충만했고, 지금껏 부른 노래 가사대로 평안이 흘러넘쳤습니다. 요한복음 16장 22절, "지금은 너희가 근심하나 내가 다시 너희를 보리니 너희 마음이 기쁠 것이요 너희 기쁨을 빼앗을 자가 없으리라"라는 말씀에서 주님이 약속하신 것처럼, 세상의 어떤 염려도 주님이 주신 기쁨을 막지 못했습니다.

그 이후부터 사람을 대할 때나 집회를 갔을 때 제 표정과 말투와 태도가 달라졌습니다. 초청받은 교회에서 때때로 경험하게 되는 무례함이나 당황스러운 요구도 제 기쁨과 평안을 빼앗아 가지 못했습니다. 최선을 다해 찬양으로 섬기는 것이 사명임을 깊이 깨닫고 나니 교회마다 요구하는 것을 귀담아듣고 따르게 되었습니다. 적은 사례비를 주더라도 하나님이 제게 주신 것으로 알고 감사하며 움직이니 큰 기쁨으로 사역할 수 있었습니다. 환경이 달라져서가 아니라 제가 달라졌기 때문입니다.

이것을 너희에게 이름은
너희로 내 안에서

○

평안을 영원토록
누리게 하려 함이라

수없이 듣고 전했던 설교가 아니라 찬양이 저를 바꾸어 놓았습니다. 같은 설교는 두 번 들으면 지겹지만, 찬양은 수천 번을 듣고 불러도 은혜가 됩니다. 그리고 성경 말씀에 힘이 있는 것처럼 찬양 가사에도 힘이 있어서 가사가 내 속에서 역사합니다. 제가 경험한 그 평안을 모든 사람이 함께 누릴 수 있기를 소망합니다.

담대하라

깨끗이 씻겨야 하리

김소엽 작사 · 이정림 작곡

부서져야 하리 부서져야 하리
무너져야 하리 무너져야 하리
깨져야 하리 더 많이 깨져야 하리
씻겨야 하리 깨끗이 씻겨야 하리

다 버리고 다 고치고 겸손히 낮아져도
주 앞에서 정결타고 자랑치 못할 거예요
부서져야 하리 무너져야 하리
깨져야 하리 깨끗이 씻겨야 하리

✦

<깨끗이 씻겨야 하리>는 시인 김소엽 권사님의 <바다에서 뜨는 별>이라는 시를 발췌하여 찬양사역자 이정림 사모님이 작곡한 찬양으로, 처음 곡을 받았을 때의 제목은 '부서져야 하리'였습니다. 1980년대에는 음반을 제작할 때 정부기관으로부터 사전심의를 받아야 했는데, 심의관이 제목이 너무 과격하다면서 바꾸라고 해서 어쩔 수 없이 가사 가운데 가장 부드러운 대목으로 제목을 바꾸었습니다.

가사와 멜로디가 아주 단순하지만 이 찬양을 들으면 정말 많은 분들이 지난날의 잘못을 회개하며 웁니다. 함께 사역하는 전태식 목사의 화음이 없으면 그저 심심하고 잔잔한 곡이라서 혼자 찬양하러 가서는 잘 부르지 않으나, 어쩌다가 한 번 부르면 흐느끼다 터져 나온 누군가의 울음소리가 제 노랫소리보다 크게 들려 깜짝 놀라기도 합니다.

1987년, 제가 목사안수를 받은 교회가 문화사역 차원에서 저를 지원해 주기로 했었는데 사정이 여의치 않아 사임을 했습니다. 이후 저는 1970년대 한국 찬양문화 초창기부터 활발히 활동해 온 '에바다노래선교단'의 '에바다선교교회' 선교목사로 부르심을 받았습니다. 부임

후 첫 예배 때 이만원 담임목사님이 맨 앞자리에 저를 앉히더니 설교 도중에 <깨끗이 씻겨야 하리>를 청했습니다. 얼떨결에 부른 찬양 한 소절에 은혜가 임했고, 그날 예배당은 눈물바다가 되었습니다. 이 곡을 통해 일어나는 회개의 물결을 지금도 종종 보면서, 피를 토하듯 외치는 설교나 호소력 짙은 멜로디와 가사가 아니어도 하나님의 놀라운 역사가 일어날 수 있음을 경험합니다.

저의 동역자이자 친구 전태식 목사의 파워풀하고 호소력 있는 가창력에 비해 평범하기 그지없는 제 노래 실력으로 다윗과요나단 사역을 이어 갈 수 있을까 고민했습니다. 친구가 가진 그 파워를 기르려고 무식하게 연습을 강행하다가 성대결절이 와서 영원히 노래하지 못할 뻔한 시기가 있었습니다. 부끄럽지만, 제 의지와 힘으로 회중의 심령을 뒤집어 놓으려고 쇼를 하며 발버둥 친 적도 많았습니다. 하지만 컨디션이 최악이던 어느 날, 내가 할 수 있는 모든 것을 포기하고 찬양을 했을 때 온 회중이 그야말로 뒤집어지는 역사가 일어났습니다. 다른 사역도 그렇지만, 찬양사역은 자기 힘으로가 아니라 주님이 일하시도록 내어 맡길 때 가장 큰 역사가 일어남을 그동안 수없이 경험했습니다.

몇 년 전, 시골의 작은 교회에서 크리스마스 예배에

저를 초청했습니다. 지독한 목감기에 걸려 거절하고픈 마음이 굴뚝같았습니다. 하지만 목사님의 사정을 듣고는 차마 거절할 수가 없었습니다. 그 목사님은, 평생을 시골 교회에서 목회하다가 은퇴한 아버님의 뒤를 이어 젊은 나이에 시골에 들어와 어렵게 교회를 섬기고 있었습니다. 어머니께서 얼마 전 현대 의술로는 치료가 불가능하다는 진단을 받았고, 그 어머니 마지막 소원이 성탄절 예배를 드리는 것이었습니다. 그러면서 어머님이 평소 제일 좋아하는 다윗과요나단의 찬양을 직접 들려 드리고 싶다고 간청했습니다.

노래는 물론이고 말하기도 힘든 상황인지라 집회 전까지 몸을 회복시켜 주시기를 하나님께 간절히 기도했습니다. 하지만 찬양을 부르기로 한 성탄절 아침에는 콧물감기까지 겹쳐 숨 쉬기조차 힘들었습니다. 그럼에도 젊은 목사님의 부탁이 귓가에 맴돌아 그 시골 교회로 갈 수밖에 없었습니다.

도착해 보니 교회 음향이 엉망이었습니다. 하나님께 서운함을 내비치며 모든 것을 내려놓고 마음 다해 찬양을 했습니다. 그런데 그런 최악의 조건에서 하나님은 저를 만지셨습니다. 밤새도록 저는 제 '목이 낫는 기적'을 베풀어 달라고 하나님께 기도했습니다. 그런데 우리 하나님은 이 목소리로 사람들을 '울게 만드는 기적'을 행하셨습니다!

내 의지로, 내가 주인이 되어서 뭔가 해보려고 할 때는 잘 안 되었습니다. 하지만 내 자아가 부서지고, 자존심이 무너지고, 무의식적인 종교 행위가 깨진 그때, 하나님의 폭포수 같은 은혜가 임했습니다.

오늘도 하나님 앞에 나 자신을 내려놓고 조용히 이 찬양을 불러 봅니다.

부서져야 하리 부서져야 하리

무너져야 하리 무너져야 하리

깨져야 하리 더 많이 깨져야 하리

씻겨야 하리 깨끗이 씻겨야 하리

깨끗이 씻겨야 하리

내가 어둠 속에서

문경일 작사·작곡

내가 어둠 속에서 헤맬 때에도 주님은 함께 계셔
내가 시험당하여 괴로울 때도 주님은 함께 계셔

내가 은밀한 곳에서 기도할 때도 주님은 함께 계셔
내가 아무도 모르게 선한 일 할 때도 주님은 함께 계셔

힘이 없고 연약한 사람들에게 주님은 함께 계셔
세상 모든 형제와 자매들에게 주님은 함께 계셔

(후렴)
기뻐 찬양하네 할렐루 할렐루야
할렐루 할렐루야
우리 모두 찬양 할렐루 할렐루야
주님 나와 함께 계시네

✦

　　<내가 어둠 속에서>는 다윗과요나단의 찬양 가운
데 박수 치며 부를 수 있는 몇 안 되는 곡 중 하나입니다.
지금도 집회에 가면 꼭 부르는데, 이 곡을 불러 드리면
굳었던 얼굴들이 환해집니다. 지금은 한 대형 교회 음악
부서장으로 활동하고 있는 문경일 장로님이 작사·작곡
한 곡으로, 부를 때마다 흥이 나고 참 맛깔스럽습니다.

　　이 찬양을 막 발표해 부르던 1980년대에는 박수 치
며 찬양하는 곳은 순복음교회밖에 없었습니다. 그래서
다른 집회에서 이 찬양을 선곡해 부를 때면 박수를 치며
불러도 되느냐고 먼저 허락을 구해야 했습니다. 저희도
발은 바닥에 붙인 채 몸만 가볍게 움직이며 이 경쾌한 찬
양을 불렀습니다. 하지만 이제는 어느 집회에서든지 이
곡을 부를 때면 젊은이들은 뛰면서 찬양을 하고, 장년들
도 일어나 박수 치고 춤까지 더해 부릅니다. 세월이 지나
면서 찬양문화가 많이 달라졌기 때문입니다.

　　함께 활동하던 태식이가 1992년에 미국으로 건너가
서 7년을 지냈고, 저는 <주만 바라볼찌라>가 수록된 5집
음반을 혼자 만들어 발표(1994)하고 종횡무진 사역하다
가 건강을 잃어 1999년 요양차 미국행을 택했습니다. 미
국에서 둘이 같이 사역하려나 싶었지만, 제가 미국으로
갈 때 태식이가 한국으로 들어오게 되었습니다. 게다가

1년만 지내다가 돌아오려던 제 계획이 무산되어 그 낯선 땅에서 14년을 지내는 바람에 다윗과요나단은 각자가 서 있는 곳에서 21년 동안이나 따로 사역할 수밖에 없었습니다. 그러다 보니 "다윗과요나단이 해체되었다", "한 사람이 죽었다"는 둥 수많은 루머가 퍼지기도 했습니다. 2014년, 드디어 제가 완전히 한국으로 돌아왔고 두 사람이 다시 함께 사역하게 되었습니다.

오랜만에 집회에서 <내가 어둠 속에서>를 둘이 부르는데, 옆에 있던 태식이가 점핑을 하면서 이 찬양을 하는 게 아닙니까. 제가 다니던 미국의 한인교회는 한국의 1970, 80년대 교회 분위기를 그대로 유지하고 있어서 이렇게 춤추고 뛰면서 찬양을 하는 경우가 없었습니다. 오랜만에 고국에 돌아와서 보니 찬양 중에 점핑도 하고, 심지어 "오빠"를 외치는 분위기로 변해 있었습니다.

저는 마음은 원이로되 성격상 점핑까지는 못할 사람이기 때문에 이렇게 집회 분위기를 최고조로 만들어 주는 친구 태식이에게 감사할 따름입니다. 그런데 요즘 참으로 안타까운 일은, 전에는 두세 번씩 점핑을 하던 친구가 이제는 한 번 뛰고서도 죽을 것처럼 숨을 헉헉댄다는 사실입니다. 다음 찬양을 불러야 하는데 진땀을 흘리며 조금 쉬었다가 부르자고 하는 친구를 보면 피식 웃음이 나다가도 안쓰러운 마음이 훅 올라옵니다. 마음은 처음 데뷔하던 20대에 머물러 있는데 몸은 환갑을 넘기고 있으니 말입니다.

저는 <내가 어둠 속에서>를 부를 때마다 잃어버린 언약궤를 찾아 다윗 성으로 옮기며 기뻐 찬양하던 다윗 왕을 생각합니다.

다윗과 온 이스라엘 족속이 즐거이 환호하며 나팔을 불고 여호와의 궤를 메어 오니라. 여호와의 궤가 다윗 성으로 들어올 때에 사울의 딸 미갈이 창으로 내다보다가 다윗 왕이 여호와 앞에서 뛰놀며 춤추는 것을 보고 심중에 그를 업신여기니라. … 다윗이 자기의 가족에게 축복하러 돌아오매 사울의 딸 미갈이 나와서 다윗을 맞으며 이르되 "이스라엘 왕이 오늘 어떻게 영화로우신지 방탕한 자가 염치없이 자기의 몸을 드러내는 것처럼 오늘 그의 신복의 계집종의 눈앞에서 몸을 드러내셨도다" 하니 다윗이 미갈에게 이르되 "이는 여호와 앞에서 한 것이니라. 그가 네 아버지와 그의 온 집을 버리시고 나를 택하사 나를 여호와의 백성 이스라엘의 주권자로 삼으셨으니 내가 여호와 앞에서 뛰놀리라. 내가 이보다 더 낮아져서 스스로 천하게 보일지라도 네가 말한 바 계집종에게는 내가 높임을 받으리라" 한지라(삼하 6:15-22).

왕의 체면 따위는 안중에도 없이 하체가 드러나는 것도 모르고 어린아이처럼 기뻐 뛰며 찬양하던 다윗. 그의 모습을 본 아내 미갈은 다윗을 업신여기며, 시녀들이 보는 앞에서 천박하게 무슨 짓을 하느냐고 윽박질렀습니다. 그러자 다윗은 '나는 내 아버지 앞에서 뛰어논 것이다. 내가 이보다 더 천박해 보인다 할지라도 나는 찬양하는 일을 멈추지 않겠다'고 합니다. 그런 다윗을 하나님은 "내 마음에 합한 자"(행 13:22, 개역한글)라고 칭찬하셨습니다.

다윗이 완벽하고 성군聖君이어서 하나님이 그토록 사랑하신 것이 아닙니다. 실수도 하고 죄도 지었지만 일평생 하나님 없이는 잠시도 살 수 없음을 고백하고, 다른 건 몰라도 하나님을 찬양하고 예배하는 일에는 왕의 권위를 내세우지 않았던 찬양의 사람이자 예배의 사람이었기에 하나님이 그를 사랑하신 것입니다.

집회를 인도하다 보면, 박수도 안 치고 얼굴이 굳은 채로 찬양을 하는 분들이 있습니다. 특히 담임목사님이나 장로님, 장년 남자 성도님들은 체면 때문인지 박수 치며 찬양하는 것을 제법 꺼립니다. 그런 분들을 볼 때마다 다윗이 하나님 앞에서 기뻐 뛰며 노래했던 말씀을 더 힘주어 전합니다. 2002년 월드컵 때 펄쩍펄쩍 뛰면서 축구 선수들을 응원하던 장면을 생각해 보라며 반성을 촉구하기도 합니다.

그렇습니다. 하나님 앞에서는 부끄러울 것이 없습니다. 모든 체면을 내려놓고 기쁘게 찬양하는 우리를 하나님은 어여삐 보실 것입니다. 기뻐 찬양하는 우리와 하나님은 함께하시며, 우리에게 있는 어둠과 시험은 주님께서 해결해 주실 것입니다.

지금 책에 있는 큐알 코드를 찍어서 <내가 어둠 속에서>를 크게 틀어놓고 몸을 움직여 찬양해 봅시다. 제 친구 태식이처럼 점핑이 나올지도 모릅니다. 부끄러움 많은 저 또한 하나님과 여러분 앞에서 더욱 춤추며 찬양하기를 소원합니다.

기뻐 찬양하네 할렐루 할렐루야
할렐루 할렐루야
우리 모두 찬양 할렐루 할렐루야
주님 나와 함께 계시네

내가 어둠 속에서

내게 오라

권희석 작사 · 작곡

죄에 빠져 헤매이다가 지쳐 버린 나의 모습은
못 견디는 아픔 속에서 그렇게 쓰러졌을 때
아무도 오는 사람이 없어 정말로 난 외로웠네
그때 주님 내게 찾아와 사랑으로 함께하였네

수많은 사람 중에서 주님이 날 부르실 때에
설레이는 나의 마음은 그렇게 기쁠 수 없네
이제 나도 주님 위하여 내 모든 것 다 드리리
내가 가진 모든 것들을 아낌없이 주께 드리리

(후렴)
병든 자여 내게 오라 가난한 자 내게 오라
죄에 빠진 많은 사람들아 모두 다 내게 오라
슬픈 자여 내게 오라 괴로운 자 내게 오라
삶에 지친 많은 사람들아 모두 다 내게 오라

무명의 다윗과요나단이 1985년 전국복음성가경연 대회에서 특별상을 받은 뒤 방송에서 매일 <친구의 고백>이 흘러나오고, 정식으로 레코딩도 안 하고 통기타 반주에 어설프게 불러 녹음한 <요한의 아들 시몬아> 역시 대중의 사랑을 받으면서 저희는 유명세를 타기 시작했습니다. 더군다나 제가 목회를 해야 하는 상황이 되어 제작한 다윗과요나단 고별 기념 음반이 1년이 채 안 되어 수십만 장이 팔려 나가다 보니 다윗과요나단이 부자가 되었다는 소문이 여기저기 나돌았습니다. (가요계의 경우 그 정도로 음반이 팔리면, 소문이 아니라 실제로 소속사에서 좋은 차도 사주고 집도 사준다고 하더군요.)

하지만 저희는 레코드사로부터 고별 기념 음반 가창료로 70만 원을 받아 콘서트 포스터 인쇄비로 다 썼습니다. 그런데 <친구의 고백>, <요한의 아들 시몬아>를 작사·작곡한 권희석 목사님(당시 전도사님)은 소문을 듣고 마음이 몹시 상해 있었던 모양입니다. 시각장애인으로서 지독히 가난하게 살고 있는 권 목사님을 만나는 지인들마다 "다윗과요나단은 당신 덕분에 저리 유명해지고 부자가 되었는데 지금 뭐하고 있으세요?"라면서 이런저런 말로 목사님의 심기를 건드렸던 것입니다.

언젠가 극동방송의 어느 프로그램에 저는 가수로,

권 목사님은 작곡자로 출연할 기회가 있었습니다. 서로 대화하면서 저희의 상황을 들은 목사님이 그동안 오해를 했고 미안하다면서 노래를 하나 주었는데, 그 찬양이 바로 <내게 오라>입니다.

저는 그때 담임목회를 해야 하는 상황이라 그 찬양을 부를 기회가 있을까 싶었지만, 감사한 마음으로 받아 두었습니다. 그런데 1집을 발표한 지 불과 몇 달이 되지 않아 2집 음반 제안이 들어와서 이 곡을 세상에 발표할 수 있었습니다.

<내게 오라>는 마태복음 11장 28절, "수고하고 무거운 짐 진 자들아, 다 내게로 오라. 내가 너희를 쉬게 하리라"라는 말씀을 토대로 만든 곡입니다. 지금도 이 찬양을 부르면, 고난과 어려움에 처한 수많은 이들이 함께 위로를 받고 눈물을 흘립니다. 그도 그럴 것이 세상의 모든 힘든 상황이 이 곡의 가사에 그대로 담겨 있습니다. 죄에 빠져 헤매이는 자, 아픈 자, 외로운 자, 병든 자, 가난한 자, 슬픈 자, 괴로운 자, 삶에 지친 자….

이 세상을 살아가는 사람들 가운데 여기에 해당하지 않는 이가 있을까요? 아마 한 명도 없을 것입니다. 그러다 보니 인생 모두에게 "내게 오라. 내가 너희를 쉬게 하리라"라는 주님의 부르심은 너무나도 감격스럽게 느껴집니다. 저는 이 찬양의 모든 가사를 좋아하지만, 특히

2절을 부를 때마다 마음에 찔려 늘 회개를 합니다.

> 수많은 사람 중에서 주님이 날 부르실 때에
> 설레이는 나의 마음은 그렇게 기쁠 수 없네
> 이제 나도 주님 위하여 내 모든 것 다 드리리
> 내가 가진 모든 것들을 아낌없이 주께 드리리

주님의 부르심을 느낄 때는 누구나 설레고 기쁠 것입니다. 하지만 "이제 나도 주님 위하여 내 모든 것 다 드리리. 내가 가진 모든 것들을 아낌없이 주께 드리리"라는 고백을 할 때면 정말 내가 그런 마음으로 이 찬양을 드리는지 묻고 또 묻습니다. 나의 입술의 고백과 달리 내모든 것을 다 드리며 살지 못하기 때문입니다. 헌신예배를 위해 초청받아 갈 때면 누구보다 제가 먼저 참 헌신을하지 못한 것 같아 회개하며 예배를 인도합니다.

처음 주님을 만났을 때, 아직 어린 고등학생이었지만 내 인생을, 목숨을 주님께 드리겠다고 기도했습니다. 하지만 마음과 달리 주님께 전적으로 맡기지 못한 채, 내인생을 어떻게 설계할지 늘 고민만 많았습니다. '어떤 공부를 하고 무슨 일을 하면 돈을 많이 벌고 행복할 수 있을까?'를 생각하며 "제가 세운 계획을 이루어 주세요. 부자 되게 해주세요"라고 목 놓아 기도했습니다. 그리고 이런 기도 내용이 이루어지지 않으면 하나님을 원망하고 살짝 삐치기도 했습니다.

헌금을 해도 기쁜 마음으로 전부 드린 적이 없었습니다. 십일조를 드릴 때도 받은 돈에서 십분의 일을 드릴지, 이런저런 제비용을 뺀 순수입의 십분의 일을 드릴지 신학적으로 따지고 아까워서 벌벌 떨 때가 참 많았습니다.

<요한의 아들 시몬아> 간증에서 밝힌 것처럼 제가 하나님을 다시 전적으로 만나기 전까지는 집회 초청이 오면 교회 규모를 궁금해했습니다. 개척교회나 미자립교회는 아닌지 물어보고 싶은 마음이 목구멍까지 차올랐습니다. 부르심에 아무런 토를 달지 않고 달려가 주님께 다 드리겠다고 입으로 고백했지만, 사례가 적거나 초청한 교회 측에서 조금 서운하게 하면 속으로 화를 내며 투덜거리기도 했습니다. 하지만 주님을 다시 만난 뒤로, 사례의 많고 적음이 아니라 저희의 찬양을 듣고 감격하며 은혜를 누리는 이들을 만나는 것이 가장 큰 기쁨이 되었습니다.

그런데 여전히 여러 교회가 찬양사역자들에게 너무나도 적은 사례를 하거나 어이없는 대우를 합니다. 한번은 부산의 어느 정도 규모가 있는 교회에서 초청을 해서

KTX를 타고 갔는데, 사례비로 30만 원을 주셨습니다. 서울에서 그곳까지 왕복 교통비에, 역에서 내려 교회까지 택시를 타고, 점심이라도 간단히 먹고 나면 적어도 15만 원은 쓰게 됩니다. 저희 같은 찬양사역자는 평일 집회가 거의 없어서 한 달에 네 번 정도 집회를 하면 많이 한 것입니다. 이런 현실 때문에 한 달에 100만 원도 안 되는 사례비로 생활을 해야 하는 찬양사역자들이 주변에 너무나 많습니다.

방송에서 인기를 누리다가 이제는 기억 속에 잊힌 연예인을 초청해 교회에서 500만 원에서 1,000만 원의 사례도 했다는 이야기를 전해 들으면, 좌절감을 넘어 악에 받쳐 사역을 포기하고 싶을 때가 있습니다. 그렇게 초청했던 연예인이 얼마 지나지 않아 좋지 않은 일로 뉴스에 나오기도 하고, 심지어 어떤 연예인은 교회를 대상으로 돈을 벌자고 공공연하게 얘기한다는 말을 전해 듣기도 했습니다. 매니저를 둘 여건이 안 되어 혼자 가는 여성 찬양사역자를 성추행하거나 사례비를 주지 않는 교회나 초청자도 있다는 이야기를 들으면, 울화가 치밀어오릅니다.

그러니 주님께 다 드리겠다는 마음, 어떤 대우도 기쁨으로 받겠다는 각오에 각오를 다지지 않으면 시험 들기 딱 좋은 직분이 바로 찬양사역자인 듯합니다. '부르시

는 곳이면 어디든 가리라'고 마음에 마음을 다잡고 오늘
도 이 찬양의 2절 가사에 다시 무릎을 꿇습니다.

이제 나도 주님 위하여
내 모든 것 다 드리리
내가 가진 모든 것들을
아낌없이 주께 드리리

내게 오라

사랑의 손길

문찬호 작사·작곡

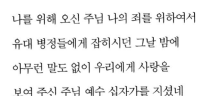

나를 위해 오신 주님 나의 죄를 위하여서
유대 병정들에게 잡히시던 그날 밤에
아무런 말도 없이 우리에게 사랑을
보여 주신 주님 예수 십자가를 지셨네

이 세상에 오신 주님 나의 죄를 위하여서
로마 병정 창과 칼에 찔리시던 그날 오후
아무런 말도 없이 우리에게 평안을
약속하신 주님 예수 십자가에 못 박혔네

(후렴)
그러나 언젠가 주님을 부인하며 원망하고 있을 때에
나에게 오셔서 사랑의 손길로 어루만지셨네
거절할 수 없어 외면할 수 없어
주님의 두 손을 잡았었고
주님의 사랑에 뜨거운 눈물을
흘리고야 말았다네

✦

　　<사랑의 손길>은 다윗과요나단 2집 타이틀곡 <담대하라>를 작사·작곡한 문찬호 목사님이 쓴 곡입니다. 1집에서는 시도하지 않았지만, 2집을 준비하면서는 전태식 목사와 제가 한 곡씩 솔로로 부르기로 했습니다. 전 목사가 <쓴잔>을, 저는 <사랑의 손길>을 불렀습니다.

　　다윗과요나단 1집과 2집은 대부분의 곡이 많은 사랑을 받았지만, 모든 곡을 자주 부르지는 못했습니다. 당시에는 찬양문화가 그리 활성화되지 않았던 터라 집회에 초청을 받아 가더라도 한 시간 이상 온전히 인도하는 것이 아니라 특송으로 몇 곡만 부를 수 있었습니다. 1집을 발표하고선 주로 <친구의 고백>과 <요한의 아들 시몬아>를 불렀고, 2집을 발표한 후에는 좀 더 많은 시간을 할애해 주어서 <담대하라>와 <내가 어둠 속에서>를 추가해 부를 정도였습니다. 이런 사정 때문에 발표는 했지만 성도님들 앞에서는 불러 보지 못한 곡이 대부분입니다. <사랑의 손길>도 짧은 초청 행사 때는 거의 부른 적이 없고, 간혹 3일간의 부흥집회를 인도하러 가면 앵콜을 해주어서 몇 번 불렀을 뿐이었습니다.

　　그런데 한 분의 간증이 알려지면서 근래에는 <사랑의 손길>을 불러 달라는 요청을 자주 받습니다. 몇 해 전 SBS <생활의 달인>에 '신문 배달 달인'으로 출연했던 정종섭 집사님이 그 주인공입니다.

그날도 제 휴대폰에 모르는 전화번호가 찍혔습니다. 으레 걸려 오는 집회 초청 전화려니 생각하고 받았는데, 중년 남자분이 <사랑의 손길> 때문에 하나님을 만났고, 죽을 것 같은 절망의 순간에 또다시 그 찬양을 듣고 살아났다고 간증을 들려주었습니다.

그는 아버지에게 학대를 당하며 불우한 어린 시절을 보내다가 아버지로부터 도망쳐 서울에서 밑바닥 생활을 했습니다. 한동안 신세를 지던 교회 목사님의 강요로 금식기도원을 갔다가 예배에 억지로 참여하는 것이 귀찮아서 기도굴에 숨어 잠을 자는데 어디선가 찬양 소리가 들려와서 일어났습니다.

"나를 위해 오신 주님⋯ 그러나 언젠가 주님을 부인하며 원망하고 있을 때에 나에게 오셔서 사랑의 손길로 어루만지셨네⋯."

그는 이 찬양을 듣다가 하나님을 원망하던 자신을 깨닫고 통곡하며 회개하여 주님을 만났습니다. 이후 이 찬양이 무슨 노래인지 수소문했더니 바로 다윗과요나단의 <사랑의 손길>이었다는 것입니다.

그는 경호를 공부해 연예인과 정치인의 경호 실장으로 잘나가던 중 돈을 더 벌고 싶은 마음에 경호업체를 설립했습니다. 그러나 부도가 나면서 노숙생활자로 밀려났습니다. 조직폭력 세계에 몸담기도 했고, 살인 누명을 쓰기도 했고, 알코올 중독으로 가족의 손에 이끌려 정신병원에 감금되기도 했습니다. 정신병원에 두 번째 감금되어 '이러다간 죽겠다' 싶을 정도로 힘들어하고 있을 때, 또다시 <사랑의 손길>이 들려왔습니다. 그는 감전된 듯 전율을 느끼고 하나님께 울부짖으며 매달렸습니다.

"하나님, 저 죽겠습니다. 여기서 꺼내 주세요. 살려만 주시면 평생 주님을 위해 살겠습니다. 어려운 사람들을 도우며 살겠습니다. 장애인들을 섬기며 살겠습니다."

하나님은 그의 간절한 기도에 응답해 주셨습니다.

정 집사님은 지금 나주혁신도시에서 '라파 생돈까스' 가게를 운영하고 있으며, 30년 넘게 해온 신문 배달 신공을 본 사람들이 <생활의 달인>에 제보하여 유명인이 되었습니다. 2020년에는 KBS "그 남자의 하루는 48시간"이라는 제목으로 <인간극장>에 출연하기도 했고, CTS <내가 매일 기쁘게>에 "'신문 배달의 달인'에서 '하나님의 은혜를 전하는 달인'으로" 편에 출연하는 등 이제 간증집회 강사로도 사역하고 있습니다.

저희는 그저 찬양을 했을 뿐인데 저희가 부른 노래로 생명이 살아나고 인생이 변한 이야기는 셀 수도 없이 많습니다. 하지만 나약한 인간인지라, 찬양을 통해 역사하시는 하나님을 신뢰하고 나아가다가도 현실이 너무 힘들어 지쳐 쓰러질 때도 있습니다. 그럴 때마다 여기저기서 이런 간증이 도착해 낙망한 저를 다시 일으켜 세웁니다.

제가 광주 집회를 가던 날, 나주에 있던 정 집사님이 광주까지 찾아와서 다음 일정이 있는 곳까지 차량으로 태워 주었고, 본인이 섬기는 교회에 자비량으로 초청하고, 종종 커피 값도 후원해 주고 그럽니다. 찬양으로 맺어진 관계가 깊어져 이제는 저를 '형님'이라고 부릅니다.

거의 매일 제게 문자 메시지를 보내고 수시로 전화하는 정종섭 집사님. 이 글을 쓰고 있는 중간에 정 집사님한테서 문자가 왔습니다.

"형님! 행정안전부로부터 국민추천포상 후보자가 되었다는 연락을 받았습니다."

하루에 두 시간밖에 자지 않고 신문을 돌리며 얻은 수익으로 독거노인들을 돕고 선교사님들을 섬기는 그를 하나님이 기뻐하실 뿐만 아니라 이 땅에서도 인정해 주는 모습을 보니 너무나도 감격스럽습니다.

"주님, 감사합니다. 찬양으로 영광 받으옵소서."

사랑의 손길

쓴잔

송명희 작사 · 김석균 작곡

주님의 쓴잔을 맛보지 않으면
주님의 쓴잔을 모르리
주님의 괴로움 당하지 않으면
주님의 고통을 모르리
주님의 십자가 져보지 않으면
주님의 죽으심 모르리

주님의 쓴잔은 내 것이며
주님의 괴로움 내 것이며
주님의 십자가 내 보물이라
또한 그의 부활 내 영광이리라

✦

　앞에서 말씀드린 것처럼 2집 음반에서 저는 <사랑의 손길>을, 전태식 목사는 <쓴잔>을 솔로로 불렀습니다. <쓴잔>은 "나 가진 재물 없으나"로 시작하는 <나>의 작사가 송명희 시인의 시에 김석균 목사님이 곡을 붙였습니다. 저의 능력으로는 감당할 음역대의 노래가 아니었기에 당연히 태식이가 <쓴잔>을 부르기로 했습니다.

　역시나 태식이 특유의 감성으로 이 곡을 너무나도 구성지게 불러 작곡자나 편곡자는 물론 음반 작업에 동참한 사람들 모두가 감탄했습니다. 그리고 참으로 많은 사람에게서 <쓴잔>을 들으며 은혜를 받았고 하나님 앞에서 눈물로 회개했다는 고백을 듣습니다. (그런데 그토록 찬양을 열심히 들은 분들도 <쓴잔>을 부른 이가 정작 저희 둘 중 누구인지는 잘 모릅니다.)

　집회 시간이 짧아서도 그렇지만, 두 사람이 찬양하러 갔으니 특별한 경우가 아니면 솔로곡은 잘 부르지 않습니다. <쓴잔>이나 <사랑의 손길>은 음반에는 수록되어 있지만 집회에서는 거의 부르지 못했습니다. 그러다가 1992년 전태식 목사가 미국으로 떠나면서 저 혼자 한국에 남아 찬양사역을 이어 가던 중, 집회에 가면 이상하게도 앵콜곡으로 <쓴잔>을 불러 달라는 요청이 갑자기 많아졌습니다. 하지만 제가 감당할 수 있는 음역대의 곡이 아니라서, 이러저러한 사정이 있다고 설명을 하고 죄송하다는 말씀을 드리고 내려와야 했습니다. 나중에 알고 보니 '고구마 전도왕' 김기동 집사님(이제 목사님이 되어 캘리포니아 소중한교회를 담임하면서 고구마전도연구소를 운영하고 있습니다)의 간증 때문에 다윗과요나단의 <쓴잔>을 꼭 듣고 싶었다는 것입니다.

그간 한국 교회는 부흥강사 목사님을 통한 부흥회가 집회의 축을 이루다가, 황수관 장로님과 같은 분들의 간증집회가 생기면서 부흥회에서는 느끼지 못했던 새로운 은혜가 임했습니다. 그러다가 새 간증자가 급부상하며 엄청난 집회를 이끌었는데, 바로 '고구마 전도왕' 김기동 목사님입니다.

그분의 집회 영상은 비디오테이프로 판매될 정도로 인기가 대단해서 저도 구입해 시청을 했습니다. 이곳에 그 간증을 다 옮겨 적을 수는 없지만, 그분의 전도 방법은 참으로 독특했습니다. 처음 보는 사람이라도 무조건 "예수 믿으십니까?" 하고 질문을 던진 다음, 안 믿는다고 하면 "예수 믿으시면 너무 좋습니다"라고 한 뒤, 반응이 있든 없든 마지막은 "기도하겠습니다"라고 마무리한다고 합니다. 그렇게 세 마디를 하고 나면 상대가 생고구마인지 익은 고구마인지 알게 되고, 전략을 어떻게 짜서 생고구마를 익은 고구마로 만드는지를 생생하게 설명하는데, 간증이 재미있기도 하고 감동적이기도 했습니다. 김기동 목사님이 전한 간증 중에 특히 기억나는 대목이 있어서 간추려 옮겨 봅니다.

김 목사님이 본인이 살고 있던 과천에서 전도를 하고 있었는데, 위관장교 시절에 사단장이던 P장군을 우연히 만났습니다. 너무나도 반가워서 인사를 나눈 뒤 다른 사람들에게 전도할 때와 같은 방법으로 세 마디를 건넸다고 합니다. 불교신자였던 P장군이 황당하고 불편해서 한동안 김 목사님을 피해 다닌 이야기는 상상만 해도 포복절도할 정도였습니다.

그러던 어느 날 P장군이 갑자기 전화를 해서 김 목사님을 오라고 했습니다. 이야기의 내용은, 시집간 딸이 대전의 어느 대학 교수인 사위와 이혼을 하겠다고 하니 자신을 대신해서 사위를 데려와 달라는 부탁이었습니다. 대전으로 내려가 이만저만하여 장군님이 모셔 오셨다고 전하자 평소 장인의 성정을 아는 사위가 김 목사님이 운전하는 자동차 뒷자리에 앉아 세상 끝난 듯한 표정을 짓더랍니다. 그래서 분위기도 바꿀 겸 늘 듣던 음악을 틀었는데, 다윗과요나단의 <쓴잔>이 흘러나온 것입니다.

그 노래에 사위의 마음이 사르르 녹은 것 같아 똑같은 노래를 대전에서 과천까지 두 시간 동안 틀어 주었다는 말에 저는 배를 잡고 웃었습니다. 그런데 반전이 있었습니다. 그날 사위는 장인 앞에 무릎을 꿇고 울며 잘못을 빌었고, 노발대발할 것 같던 장군도 사위를 부둥켜안고 울면서 딸 부부의 문제가 해결되었답니다. 그리고 그 가정이 이후 하나님을 만났다는 기막힌 간증이었습니다.

성대결절로 평생 노래를 할 수 없을 거라는 진단을 받을 정도로 목소리를 훈련한 결과, 이제 <쓴잔>을 불러 달라는 성도님들의 앵콜에 음역대를 높여서 응하곤 합니다. 한번은 김기동 목사님이 시무하는 소중한교회에 갔다가 서로 이 간증을 나누며 <쓴잔>을 부르면서 웃었던 기억이 있습니다.

우리는 부활의 영광은 원하지만 쓴잔을 마시기는 꺼려 합니다. 하지만 분명한 것은 쓴잔을 마셔야만 부활의 영광이 주어진다는 사실입니다.

주님의 쓴잔을 맛보지 않으면
주님의 쓴잔을 모르리
주님의 괴로움 당하지 않으면
주님의 고통을 모르리

쓴잔

사랑했었던

많은   친구들

주님을 느껴 봐요

김영석 작사 · 작곡

주님을 느껴 봐요 마음으로
언제나 곁에 계시잖아요
주님을 안아 봐요 온몸으로
언제나 주는 손 내밀어요
나도 모르는 잘못도 주님은 아셔요
나도 모르는 실수도 주님은 아셔요
그러나 주는 아무 말 하지 않죠

주님을 바라봐요 마음으로
언제나 곁에 계시잖아요
주님을 만나 봐요 온몸으로
언제나 주는 손 내밀어요
나도 모르는 잘못도 주님은 아셔요
나도 모르는 실수도 주님은 아셔요
그러나 주는 모두 다 용서하죠

이 사랑의 주님을 느껴 봐요
마음으로 온몸으로 온 정성 다해

✦

    <주님을 느껴 봐요>는 3집 음반 타이틀곡입니다. 1집과 2집은 극동방송 김미정 PD의 소개로 만난 유지연 장로님(현 횃셔뮤직 대표)이 편곡을 해주었습니다. 유 장로님은 당시 가요계에서 잘나가던 편곡자였습니다. 극동방송 전국복음성가경연대회 1회 대회에 이광준이라는 분과 듀엣으로도 참가했는데, 이광준 씨는 이주호 씨와 함께 '해바라기'라는 팀명으로 오랫동안 가수 활동을 했던 분입니다.

    유지연 장로님은 "던져진 동전이 굴러가듯이"로 시작하는 <사랑과 평화>라는 자작곡을 불러 이름을 알렸지만, 정태춘, 신형원, 임지훈, 이선희 씨 같은 분들의 노래 편곡자로 더 유명합니다. 그분은 다윗과요나단 1집과 2집도 편곡했고, 두란노 경배와찬양, 예수전도단, 최미, 사랑이야기 등등 CCM 음반 편곡에도 참여해 한국 복음성가의 수준을 월등히 높였습니다.

    다윗과요나단 1집과 2집은 '열두선교회'라는 음반회사에서 제작해 1980년대에 약 100만 장이 팔렸습니다. 하지만 앞에서 말씀드렸듯이, 저희는 음반이 아무리 많이 팔려도 늘 가난했습니다. 모든 수익은 저희와 무관했기 때문입니다.

    저희와 비슷한 상황에 있던 예수전도단 출신의 최

인혁 형제(지금은 목사님이 되었습니다)가 어느 날 찾아와서 박종호 1집과 최인혁 1집, 찬양하는사람들 1집과 함께 다윗과요나단 3집을 직접 제작하자는 제안을 해왔습니다. 직접 음반을 유통하고 관리해 생활에 도움도 받고, 기금을 조성해 찬양문화도 세워 가고 후배 사역자들을 키우는 데 쓰자는 의견이었습니다. 너무나도 좋은 제안이라서 무조건 그렇게 하기로 약속하고 여기저기서 빚을 얻어 3집 제작비를 준비했습니다.

그런데 누구에게 편곡을 맡길지를 놓고 다윗과요나단 두 사람의 의견이 갈렸습니다. 저는 안정주의자인지라 1, 2집을 편곡해 준 유지연 장로님을 제안했고, 태식이는 극동방송 전국복음성가대회 출신 중 대상을 받았던 김영석 형제(지금은 목사님입니다)를 추천했습니다.

김영석 목사님은 주찬양선교단 멤버로 최덕신 형제(이분도 목사님이 되었습니다)와 함께 음반작업을 한 경험도 있고, 초창기에 저희와 같이 활동했던 '찬양하는사람들' 1집의 프로듀서를 경험한 실력자였습니다. 게다가 평소 저희 음악에 애정이 있어서 다윗과요나단 음반을 만들어 주고 싶어 했습니다. 유지연 장로님과 작업을 하면 엄청난 제작비가 들기도 하고, <담대하라>를 녹음할 때처럼 기도하는 분위기가 안 될 것 같아서 김영석 목사님과 함께 작업하기로 결정했습니다.

3집은 외국곡 몇 곡을 제외하고는 김영석 목사님이 대부분 작사·작곡을 했고, 서울대에서 작곡을 전공한 안선 자매와 함께 편곡을 했습니다. 지금은 CCM학과의 유명 교수가 된 드럼의 김대형, 베이스의 김진 등이 당시 대학생으로서 연주를 해주었고, 기타는 주찬양의 최덕신 형제가 맡았습니다.

<담대하라>를 녹음할 때와는 달리 함께 기도하고 상의하며 행복하고 즐겁게 만들었습니다. 하지만 시장 반응은 1집과 2집에 비해 아주 초라했습니다. 1집과 2집이 워낙 대히트를 친 터라 기대가 컸지만, 결과는 좋지 않았습니다. 빌린 제작비도 갚아야 했고, 음반을 팔아 지독한 가난과 미래에 대한 불안을 해결하고 싶었는데 기대가 완전히 빗나가고 말았습니다.

다윗과요나단이 인기를 끌고 있었지만, 결혼 후에도 살림은 나아지지 않았습니다. 2층이 본당인 교회 1층 사무실 옆 단칸방, 침대를 놓으면 장롱문도 열리지 않는 곳에 신혼살림을 차렸습니다. 함께 사시는 어머니는 부엌 바닥에서 주무셔야 했습니다. 교회를 사임한 뒤엔 그나마도 거실과 부엌, 화장실을 다른 가정과 같이 써야 하는 공간으로 이사하는 바람에 어머님이 지내실 곳이 없어서 시골 누님 댁으로 가셨습니다. 아내가 첫아이를 임

신했을 때는 그곳에서조차 지낼 형편이 못 되어 결혼을 반대했던 처갓집 방 한 칸에서 지내야 했습니다.

음반이 많이 팔리고 인기가 생겼으나 번듯하게 살고 싶은 저의 꿈은 이루어지지 않았습니다. 하지만 <주님을 느껴 봐요>라는 찬양 가사처럼 하나님은 날마다 필요를 채우시며 늘 곁에 계셨습니다.

물질이 사람을 변하게 만드는 장면을 참 많이 목격했습니다. 그때 부자가 되었더라면 저는 변질되고 교만해졌을 것입니다. 하지만 지금까지 한결같이 사명에 충실할 수 있었던 것은 주님과 동행하며 순간순간 주님을 느끼며 살았기 때문입니다.

찬양사역을 하다 보면 외롭고 힘겹고 가슴 아픈 날이 많습니다. 그때마다 나를 향한 주님의 마음을 느끼려고 애쓰며, 더는 일어날 힘이 없을 때는 주님 품에 안겨 절망 속에서 누리는 하늘의 평안을 맛봅니다.

제가 소속되어 있던 크리스챤시인협회에서 이 찬양을 불렀더니 어느 분이 이런 말씀을 했습니다.

"뭘 자꾸 주님을 느끼려고 그래요? 그러다가 잘못하면 이단 소리 들어요."

걱정이 되어 던진 말씀이지만 속에서 뭐가 불쑥 올라와서 맞받아쳤습니다.

"주님이 살아 계시고 나와 동행함을 정말 믿는다면

그분의 그 사랑을 느끼지 못하는 게 오히려 문제가 아닐까요? 시를 쓰시는 분이 무슨 그런 말씀을 하세요."

기쁠 때나 슬플 때나 주님의 세밀한 만지심을 느끼며 사는 것, 그것이 주님과 동행하는 삶 아닐까요?

<주님을 느껴 봐요>를 부를 때마다 생각나는 에피소드가 있습니다. 3집 음반은 제가 빚을 내어 제작을 했다고 말씀드렸는데, 음반의 종잣돈을 헌금해 준 한 분이 있었기에 가능했습니다.

그분은 압구정동 현대아파트에 살며 광림교회를 다니고 있었습니다. 어느 날 우연히 저희 찬양을 듣다가 '이 노래 수준 있네'라고 느껴서 다윗과요나단 테이프를 구입했고, 거실에서 찬양을 듣던 중에 신기한 체험을 했습니다.

그분 말씀으론 당신도 그렇지만 그 아파트에 사는 일명 '싸모님' 중에 불면증을 앓고 있는 분들이 많았다고 합니다. 이유가 돈 때문이라는데, 돈이 없는 사람은 한번 살아 볼 꿈도 못 꾸는 아파트이니 불면증의 이유는 돈이 너무 많아서였겠지요. 그분의 고백을 들으며 저는 참 감사했습니다. '돈 없어도 나는 잘 자는데 돈이 많아서 잠도 못 잔다면 그게 복인가' 싶더군요. 아주 비싸고 좋은 수면제를 사서 먹어도 잠을 못 이룬다니….

아무튼 이분은 비싼 아파트, 비싼 소파에 앉아, 아주 비싼 오디오로 저희 찬양을 듣다가 너무나도 오랜만에 깊고 달콤한 잠을 주무셨답니다. 정말 신기해서 공테이프를 사서 복사를 한 뒤 잠 못 이루는 주변 '싸모님'들께 돌렸는데, 그분들도 동일하게 불면증을 치유받았다고 간증을 해주었습니다. 그러고는 음반 제작에 보태라면서 거금을 헌금하셨습니다.

그런데 저희에게 헌금할 당시에는 그분 사업이 망해서 압구정동 현대아파트가 아니라 단칸 셋방에서 살고 있었습니다. 어머님이 사주신 거라 처분도 못 하고 좁은 방에 고이 모셔 두었던 피아노를 팔아서 저희에게 헌금했다는 사실을 알고 나서 얼마나 울었던지….

제가 부흥회에 가서 <주님을 느껴 봐요> 찬양을 부르며 이 간증을 하면, 축도하기 전에 슬그머니 나가 음반 판매대에 서서 어느 게 제일 잠이 잘 오느냐고 묻는 권사님들이 있다는 이야기를 가끔 듣습니다. 찬양은 불면증에도 특효가 있나 봅니다.

주님을 느껴 봐요

함께해요

김은희 작사·김영석 작곡

힘을 내세요 용기를 가지세요

주님은 약속했어요 크신 뜻을 주겠노라고

두려워 말아요 무서워 떨지 말아요

주님은 약속했어요 내 곁을 떠나지 않겠노라고

이처럼 주님은 우리를 버리지 않아요

주님을 사랑하고 주님께 순종하면

이 모든 것이 주님 안에 항상 뜻대로 돼요

이처럼 주님은 우리를 버리지 않아요

주님을 사랑하고 주님께 순종하면

이 모든 것이 주님 안에 항상 뜻대로 돼요

어딜 가든지 주님은 우리와 함께해요

✦

　　가수들은 새 음반이 출시되면 그 음반에 수록된 곡으로 활동을 합니다. 하지만 다윗과요나단은 새로운 음반이 나와도 여전히 <친구의 고백>, <요한의 아들 시몬아>, <담대하라>, <내가 어둠 속에서>를 부릅니다. 이 찬양을 듣기 위해 저희를 초청하기 때문에 그 곡들을 빼면 많이 서운해합니다.

　　그런데 저희가 활동을 하면 할수록 1집과 2집 음반 판매고는 올라가지만 모든 저작권이 음반사에 있다 보니 저희에게는 아무런 보탬도 되지 않았습니다. 사정을 잘 아는 최인혁 형제가 다윗과요나단 '베스트' 음반을 만들어 보면 어떻겠냐고 제안을 해왔습니다.

　　저는 평소 새가슴이라서 1집과 2집을 만든 회사에 피해가 갈까 봐 적잖이 고민이 되었지만, 성도들의 요청도 있고 생존을 위해서는 불가피한 선택이었습니다. 1집에서 <친구의 고백>, <요한의 아들 시몬아>, <주님의 사랑>을, 2집에서 <담대하라>, <내가 어둠 속에서>, <깨끗이 씻겨야 하리>를, 그리고 3집에서 <주님을 느껴 봐요>, <영원한 사랑>, <함께해요>를 뽑고, 기존 음반에 실리지 않은 새로운 곡 <나누어 주어요>를 포함해 '다윗과요나단 베스트 음반'을 출시했습니다.

　　베스트 음반은 최인혁, 박종호 형제와 함께 세운 예

문기획에서 연주자들과 밤낮 기도하면서 연습하고 만든 음반이라서 애착이 컸습니다. 이미 세 개의 음반을 내본 경험도 있는 데다가, 만드는 내내 연주자들과 호흡도 잘 맞아 편한 마음으로 기쁘고 즐겁게 만들었습니다.

그리고 그 시절에는 콘서트도 참 많았습니다. 부산 KBS홀 콘서트를 비롯하여 대형 무대를 기획해 주는 단체가 많아서 베스트 음반을 가지고 열심히 콘서트를 했고, 1년에 한 차례는 사역의 십일조를 드리는 마음으로 자비량으로 팀을 꾸려 전국의 문예회관을 돌며 콘서트를 했습니다.

아마추어들로 구성되어 연주 실력도 뛰어나지 않았고, 말도 안 되는 열악한 음향기기를 들고 다니며 콘서트를 했는데도 수천 명이 콘서트장으로 몰려들었습니다. 익산과 인천 문예회관에서 열린 콘서트에는 사람이 너무 많이 와서 공연장 관계자들이 위험하다며 더 이상 입장을 못하게 문을 걸어 잠갔는데, 나중에 온 사람들이 문을 부수고 들어오기도 했습니다. 울산과 진주 콘서트 때는 한겨울인데도 저희 무대를 보기 위해 골목을 돌아돌아 줄을 서 있는 모습을 보고 감격의 눈물을 흘리기도 했습니다.

이런 콘서트를 통해 모인 수익금은 하루 종일 집에 갇혀 세상 구경을 못 하는 재가 장애인들의 휠체어 구입비로, 심장병으로 제대로 걷지 못하는 아이들의 수술비로,

독거노인들의 난방용 연탄 구입비로 쓰이곤 했습니다.

제가 콘서트에서 자주 선포했던 말씀은 여호수아 1장 6-9절 말씀입니다.

강하고 담대하라. 너는 내가 그들의 조상에게 맹세하여 그들에게 주리라 한 땅을 이 백성에게 차지하게 하리라. 오직 강하고 극히 담대하여 나의 종 모세가 네게 명령한 그 율법을 다 지켜 행하고 우로나 좌로나 치우치지 말라. 그리하면 어디로 가든지 형통하리니 이 율법책을 네 입에서 떠나지 말게 하며 주야로 그것을 묵상하여 그 안에 기록된 대로 다 지켜 행하라. 그리하면 네 길이 평탄하게 될 것이며 네가 형통하리라. 내가 네게 명령한 것이 아니냐. 강하고 담대하라. 두려워하지 말며 놀라지 말라. 네가 어디로 가든지 네 하나님 여호와가 너와 함께하느니라 하시니라.

저는 이 말씀을 선포할 때마다 먼저 저에게 적용하고 "아멘" 합니다. 그러고 나서 <함께해요> 찬양을 부릅니다.

힘을 내세요 용기를 가지세요
주님은 약속했어요 크신 뜻을 주겠노라고
두려워 말아요 무서워 떨지 말아요

주님은 약속했어요 내 곁을 떠나지 않겠노라고

찬양사역을 내려놓고 싶은 순간이 많았습니다. 하지만 말씀을 주야로 묵상하며 말씀대로 살기 위해 발버둥 치면서, 좌로나 우로나 치우치지 않고 오로지 찬양사역만을 붙들고 달려왔습니다. 그랬더니 약속하신 대로 고비마다 길을 평탄케 해주셨습니다.

성대결절로 평생 노래할 수 없다는 진단을 받았을 때도, 건강을 잃어 죽을 수도 있다는 사망 선고를 받았을 때도, 사기를 당해 집을 잃고 신용불량자가 되었을 때도, 코로나19로 집회가 전부 취소되어 아무 대책이 없었을 때도 하나님을 붙드니 강하고 담대할 수 있었습니다. 그리고 하나님은 제게 주리라고 약속하신 땅을 차지하게 하셨습니다.

이 약속은 하나님이 저에게만 주신 것이 아닙니다. 주님께 순종하는 모든 사람에게 동일하게 적용됩니다. 어떤 상황에 있든지 힘을 내십시오. 용기를 가지십시오. 주님은 약속하셨습니다. 우리 곁을 떠나지 않으신다고요.

함께해요

울지 말아라

황국명 작사 · 작곡

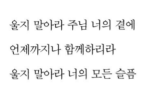

울지 말아라 주님 너의 곁에
언제까지나 함께하리라
울지 말아라 너의 모든 슬픔
이미 아시는 주님이시라

그분은 너를 사랑하셔서
너의 슬픔을 기쁨으로
너의 아픔을 찬송으로
바꾸시리라 바꿔 주시리라
울지 말아라 울지 말아라

✦

　　<울지 말아라>는 다윗과요나단 4집 타이틀곡으로 제가 작사·작곡을 했습니다. 4집은 CCM 역사에 몇 가지 획을 그은 음반이라고들 평합니다. 첫 번째 이유는 함춘호라는 대중음악계의 거장이 처음으로 CCM계에 발을 들여놓았기 때문입니다.

　　1집은 제가 목사안수를 받고 목회를 해야 하는 상황이라 다윗과요나단을 그만두기로 하고 만든 고별 음반이었고, 2집은 가난한 사역자에게 결혼자금을 주시는 도구로 받아들여 만들었고, 3집은 전태식 목사가 미국으로 갈 계획을 세우고 기도하다가 미국행이 확정되었다고 해서 '이제 진짜 고별이구나' 싶어 또 한 번 고별 음반이라고 생각하고 만들었습니다.

　　사역자들이 함께 세운 예문기획이 우여곡절 끝에 새로운 전문 경영인을 관리자로 세웠고, 그분이 경영을 잘해서 소위 말하는 대박은 아니었지만 박종호, 최인혁, 찬양하는사람들 음반과 함께 다윗과요나단 3집 음반이 꾸준히 판매되어 자리를 잡게 되었습니다. 그러자 예문기획에 좋은 사역자들이 몰려들기 시작했고, 송정미, 소리엘, 좋은씨앗 등이 이곳을 통해 세워졌습니다.

　　그리고 그때쯤 시인과촌장의 하덕규 집사님(지금은 목사님입니다)이 하나님을 만나 뜨겁던 시절이라 저희와 아주 친하게 지냈습니다. 하 집사님이 저희 4집 음반 프로듀서를 맡으면서 시인과촌장으로 활동했던 함춘호 씨를 편곡자로 모셔 왔습니다.

1집과 2집도 당대 최고의 편곡자와 뮤지션들이 참여했지만, 특히 함춘호 씨는 그 시절 가장 인정받던 편곡자였습니다. 가요계를 대표하는 뮤지션들이 그와 음악 작업을 했기에 함춘호 씨가 다윗과요나단과 작업하기 위해 온다고 하니 주위 사람들이 신기해하며 녹음 스튜디오에 몰려들었습니다. 그러다 보니 식비와 간식비 지출이 그 어느 때보다 많이 드는 기록이 남아 있습니다.

3집부터는 제작비를 직접 준비해서 진행했는데, 4집 음반은 함춘호 씨가 합류하면서 비용이 크게 늘었습니다. 조금이라도 제작비를 줄여 보려고 4집에는 자작곡을 넣기로 했습니다. (1992년 당시 한 곡당 작사료 50만 원, 작곡료 50만 원을 지급했기에 10곡이면 1,000만 원입니다. 지금도 그렇지만 가난한 사역자에게는 아주 큰돈이었습니다.)

그동안 작곡한 곡들이 있긴 했지만 세상에 내놓을 수준이 아니라서 조심스러웠으나 제작비를 줄이기 위해 용기를 내어 꺼내 보았습니다. 태식이는 <예수 그 이름 예수>와 <사랑은 사랑의 응답> 두 곡을 가져왔고, 저는 <울지 말아라>, <내 님의 나라>, <기쁨의 노래> 세 곡과 가사만 쓰고 다른 작곡가에게 곡을 부탁한 <오호라 나

는>, <누가 아는가>, <예수여>를 가져왔습니다.

그런데 이게 웬일입니까? 부족한 곡에 함춘호 씨가 옷을 입히기 시작하자 어마어마하게 멋진 곡으로 바뀌었습니다. 한 사람의 예술적 재능이 헌신과 맞닿은 결과, 30년이 지난 지금까지 다윗과요나단 4집은 CCM 음반 역사에서 명반으로 평가받고 있습니다.

<울지 말아라>는 저희 어머니에 대한 간증이 있는 노래입니다. 어머니는 40대에 남편을 잃고 7남매 중 막내인 저를 평생 품고 고생고생하며 살아오셨습니다. 그러다 70대 노인이 되신 어머니가 원인 모를 두통으로 몇 날 며칠 고통스러워하고 계셨습니다. 여러 병원을 다녀봤지만 원인을 찾을 수 없어 치료가 불가능했습니다. 단칸 월세방에서 끙끙 앓다가 고통이 너무 심해 하루에 두 번씩은 악을 쓰며 온 방을 기어 다니셨습니다. 1980년대 제 고정 수입이라고는 교회에서 주는 신학생 실습비 5만 원이 전부였습니다. 죽을 듯이 아파하시는 어머니의 모습을 지켜볼 뿐 아무것도 해드리지 못해 울며울며 하나님께 기도했습니다.

"하나님, 당신의 딸이 고통 가운데 있습니다. 하나님, 저를 대신 아프게 해주십시오."

간절히 기도하는 중에 하나님의 위로가 임했습니다.

"국명아, 울지 말아라. 내가 너의 슬픔을 다 안단다. 이제 너의 슬픔이 변해서 기쁨이 되게 할 것이며 너의 아픔을 찬송으로 바꾸어 줄 것이다."

저는 울면서 이 내용을 가사로 적었고 그 자리에서 바로 읊조렸습니다. 그리고 어설픈 기타 솜씨로 곡을 붙여 만든 찬양이 <울지 말아라>입니다. 그 후 어머니의 두통은 잦아들었고, 언제 그랬냐는 듯이 일어나 제가 제일 좋아하는 국수를 삶아 주셨습니다. 저는 지금도 가장 좋아하는 음식이 국수입니다.

40년 가까이 집회를 다니며 비싸고 맛있는 음식을 많이 대접받았지만, 먹는 양이 많지 않아 대접해 주는 분들께 늘 죄송한 마음입니다. 그런데 유일하게 과식하던 음식이 어머니표 국수입니다. 어머니가 천국으로 가신 지 벌써 15년이 지났습니다. 가장 그리운 음식이 어머니가 끓여 주시던 국수인데 요즘에는 제 아내가 그 맛을 재현해 그대로 만들어 줍니다. 밥은 반 공기밖에 못 먹어도 국수는 다른 사람의 두 배를 먹고 배불러서 혼자 꺽꺽대곤 합니다.

<울지 말아라> 역시 다른 곡들을 부르느라 집회 때는 거의 못 부릅니다. 하지만 저의 간증이 담겨 있어서 방송에 출연하거나 저 혼자 인도하는 3일 찬양부흥회 때는 부르곤 합니다. 저는 분명 "울지 말아라" 하면서 시작

을 했는데, 제 노래를 듣고 바로 우는 분들이 많습니다. 그러다 보니 짝꿍 전태식 목사는 아주 이상한 곡이라며 제목을 '펑펑 울어라'로 바꾸어야 한다고 종종 농담을 합니다.

인생을 살다 보면 예상치 못한 곳에서 고난이 불쑥 찾아옵니다. 고난 앞에 낙망하여 있을 때, 주님은 "애야, 울지 말아라" 하며 어깨를 토닥여 주십니다. 저에게 주셨던 주님의 위로가 여러분에게도 동일하게 임하기를 소망합니다.

울지 말아라

기쁨의 노래

황국명 작사 · 작곡

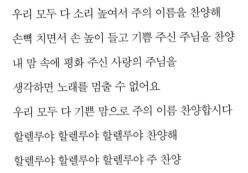

우리 모두 다 소리 높여서 주의 이름을 찬양해

손뼉 치면서 손 높이 들고 기쁨 주신 주님을 찬양

내 맘 속에 평화 주신 사랑의 주님을

생각하면 노래를 멈출 수 없어요

우리 모두 다 기쁜 맘으로 주의 이름 찬양합시다

할렐루야 할렐루야 할렐루야 찬양해

할렐루야 할렐루야 할렐루야 주 찬양

✦

　<기쁨의 노래>는 4집 음반에 수록된 곡으로 제가 작사·작곡을 했습니다. 1980년대 한국 교회 음악에는 경쾌한 곡이 많지 않았고, 다윗과요나단의 노래도 마찬가지였습니다. 집회 현장의 숙연한 분위기를 바꾸려면 빠른 찬양이 반드시 필요해 2집에 있는 <내가 어둠 속에서>만 몇 년 동안 부르다 보니 새로운 곡이 절실해서 의도적으로 <기쁨의 노래>를 만들었습니다. 제목은 제 아들의 이름과 관련이 있습니다.

　1987년 11월에 결혼해 아내가 곧 첫아이를 임신했으나 4개월 만에 유산되었습니다. 의사가 손바닥만 한 유리그릇에 담긴 아이의 흔적을 보여 주는데 너무나 충격을 받아 집에 돌아와 아내를 부둥켜안고 얼마나 울었는지 모릅니다. 유산을 해도 출산한 것처럼 몸 관리를 해야 한다고 해서 미역국을 끓여 주며 위로했지만, 아내는 목으로 넘어가지 않는다며 매일같이 울었습니다. 저 역시 눈물로 몇 날 며칠을 보냈습니다.

　다음 해 가평 두밀리의 산골 교회에서 여름 수련회를 하던 중 아내가 독감에 걸려 너무 괴로워했습니다. 약국까지 다녀올 수가 없어서 산골의 무면허 약사에게서 아주 독한 감기약을 사 먹였습니다. 하지만 수련회가 끝난 뒤에도 감기가 낫지 않아 병원을 찾았고, 거기서 임신 사실을 알게 되었습니다. 기뻐할 소식이었음에도 우리 부부는 정신적 충격에 휩싸였습니다. 감기약 때문에 태아가 기형이나 장애를 입고 태어날 수도 있다는 진단이 있었기 때문입니다. 요즘처럼 초음파로 아이 상태를 볼 수 있던 시절이 아닌지라 임신 기간 내내 저희는 불안에 떨며 기도했습니다.

아내의 출산일이 얼마 남지 않은 1989년 3월 어느 날, 강릉에 집회를 갔다가 잠시 짬을 내어 바닷가 모래밭에 앉아 파도를 바라보고 있었습니다. 그런데 한쪽 다리가 없는 갈매기가 제 주위를 맴돌았습니다. 저는 그 갈매기를 바라보며 이것이 주님이 보여 주시는 아이의 모습인가 싶어 아내에게 말도 못 하고 며칠 동안 잠을 이루지 못했습니다.

1989년 3월 27일 아침. 밤새 끙끙 앓던 아내를 데리고 병원에 가려고 나섰습니다. 그런데 세상에! 자동차 열쇠를 차 안에 두고 문을 잠갔나 봅니다. 몇 번의 경험대로 철사 옷걸이를 펴서 열어 보고, 긴 자를 밀어 넣어 열어 보려고 했지만, 마음만 급할 뿐 그날따라 도저히 열리지 않았습니다. 안 되겠다 싶어 포기하고 택시를 타기로 했습니다. 지갑을 확인하려고 주머니에 손을 넣었는데… 거기에 열쇠가 있었습니다!

산통으로 끙끙대는 아내를 한 시간 넘게 세워 둔 채
그 난리를 피우고 나서야 무사히 병원에 도착했습니다.
의사는 자궁 문 상태를 확인해 보더니 오후 늦게나 아기
가 나오겠다면서 남편은 밖에서 기다리라고 했습니다.
당시 남자는 분만실에 들어갈 수 없어서 장모님께 연락
을 드렸습니다. 장모님이 오시더니 아직 출산하려면 멀
었다며 밥이나 먹고 오라고 해서 자리를 비운 사이에 아
들이 태어났습니다.

세상에 갓 나온 아들의 모습이 마치 외계인 같아서
저는 충격을 받았습니다. '지금껏 내가 본 아기들은 모두
예쁘던데, 얘는 왜 이 모양이지?' 이상한 생각이 들었지
만 표현은 못 하고 마음속으로 하나님을 살짝 원망했습
니다. 그러면서 동시에 제 눈길은 아기의 다리에 머물렀
습니다. 바닷가에서 본 한쪽 다리가 없던 그 갈매기 생각
이 나서 혹시나 해서 확인하고 싶었던 것입니다. 다행히
아들의 다리는 두 개였습니다. 조금 전 살짝 원망했던 하
나님께 이번에는 감사와 찬양을 드렸습니다.

당시에는 아이가 태어나기 전까지는 성별을 알 수
없었습니다. 이름을 미리 정해 놓을 수도 없었고, 요즘
같은 태명도 없던 때라 아들임을 확인한 후에야 이름을
고민하기 시작했습니다. 그래도 명색이 목사인지라 영
적인 이름을 지어야 하지 않겠나 싶어 몇 개의 이름을 후

보에 올리고 고민하고 있었습니다. 부산 KBS 공개홀에서 진행되는 콘서트에 참석하기 위해 부산으로 가던 중에 차 안에서 태식이가 물었습니다.

"국명아, 아들 이름은 지었니?"

"어. 내가 좋아하는 산상수훈의 첫 구절 '심령이 가난한 자는 천국이 저희 것임이요'의 말씀대로, 심령의 '영靈' 자에 가난할 '빈貧' 자를 써서 '영빈靈貧'이가 어떨까 싶어."

그 말은 들은 태식이가 수천 명이 모인 그날 콘서트에서 저를 영빈이 아빠로 소개했습니다. 그러나 당시에 '빈대' 시리즈가 유행하고 있어서 아들이 '영원한 빈대'라는 별명으로 놀림을 당할 수도 있겠다 싶어 다른 이름으로 바꿨습니다. 제가 찬양하고 시를 쓰는 사람이니 기쁠 '희喜' 자에 노랫가락을 의미하는 운 '운韻' 자를 써서 '희운喜韻'이라고 지었습니다. 또 임신 내내 아이가 기형이나 장애를 입고 태어날까 봐 불안해하며 기도했는데 건강한 아기를 주셨으니 '기쁨의 노래'라는 뜻도 담아냈습니다. (딸은 운 '운韻' 자에 지혜로울 '지智' 자를 써서 '운지韻智'라고 지었습니다.)

이렇게 <기쁨의 노래>는 아들의 출생송이자 집회 때 박수를 치며 부를 수 있는 빠른 찬양으로 지어졌고,

함춘호 씨가 기가 막힌 편곡으로 멋진 옷을 입혀 주었습니다. 그러나 생각만큼 인기를 끌지 못했습니다. 그런데 친구 태식이는 그 노래를 발표한 지 얼마 되지 않아 상가 2층에 있는 어느 교회에서 박수를 치며 이 곡을 부르는 것을 들었고, 지하에 있는 어느 교회에서도 부르는 것을 들었다면서 지상과 지하를 통틀어 히트한 곡이라며 저를 위로해 주었습니다. 비록 <기쁨의 노래>라는 곡은 묻혔으나 희운이는 저희의 결혼을 심하게 반대해서 서먹했던 장인장모와의 관계를 말끔히 해소시켜 준 그야말로 '기쁨의 노래'가 되었습니다.

　희운이는 성장하여 미국에서 영상을 전공했습니다. 코로나19의 절망 속에서 대부분의 집회가 취소되었을 때 불가피하게 시작한 다윗과요나단의 유튜브 사역을 아들 희운이가 전적으로 도와주면서 다시 기쁨의 노래가 되어 주었습니다. 그야말로 할렐루야입니다.

기쁨의 노래

예수여

황국명 작사 · 이성균 작곡

예수여 나의 소리 들으소서

간절한 소원을 들어 주소서

주를 따르기로 작정한 내 삶에

물밀듯이 밀려오는 고통과 낭패

물밀듯이 밀려오는 고통과 낭패

주를 찬양하는 내 영혼 깊은 곳

나날이 쌓여 가는 사소한 타협들

그것에 쓰러지지 않게 쓰러지지 않게

쓰러지지 않게 하소서

순간마다 주님을 느끼게 주님을 느끼게

주님을 느끼게 하소서

✦

    다윗과요나단 4집을 함춘호라는 대중음악의 거장과 함께 만들면서 당대 최고의 연주자들을 만날 수 있었고, 가스펠송은 대중음악에 비해 음악 수준이 떨어진다는 인식을 바꿀 수 있어서 참 감사했습니다.

    음반 작업은 자금력에 의해 수준이 좌우되는 속성이 있습니다. 대중음악 시장의 십분의 일도 안 되는 교회음악 시장에 내놓을 상품을 대중음악에 버금가는 자본을 들여 만들 수는 없는 일입니다. 하지만 믿음의 사람 함춘호 씨가 하나님의 사역에 늘 부담감을 품고 있었고, 그 빚을 갚는다는 헌신의 마음으로 적은 편곡료와 연주비로도 저희 곡을 대중음악에 뒤지지 않는 수준으로 만들어 주었습니다. 그래서 음악을 한다는 사람들 사이에서는 다윗과요나단 4집 음반이 명반이라고 칭찬이 자자합니다. 하지만 1집과 2집에 익숙해 있던 팬들에게는 정작 큰 호응을 얻지 못했습니다.

    지금까지 20개가량의 음반을 만들어 봤지만, 하나님의 역사하심은 저희의 생각이나 예상과 꼭 일치하지는 않았습니다. 찬양사역도 그렇고 목회나 선교도 그렇고, 뛰어난 통찰력과 예민한 감각, 언변, 영성 등 성공할 수 있는 여러 요인이 있지만, 그 역시 예상과 다른 결과를 낳을 때가 너무 많더군요. 영성도 깊고, 겸손하고, 음악적

실력과 가창력도 탁월한데 묻혀 버리는 사역자가 있는가 하면, 시쳇말로 싸가지도 없고, 영성은 더더구나 없고, 실력도 별로인데 이상하게 잘되는 사역자가 있습니다. 그런 사람이 미꾸라지처럼 사역자들의 이미지를 망가뜨릴 때면 사실 적잖이 속상합니다. 그래서 찬양사역을 지금껏 이어 온 저의 결론은, 이 모든 것이 그야말로 하나님의 은혜라는 고백 말고는 달리 표현할 방법이 없습니다.

4집에 수록된 <예수여>는 사역의 연륜이 쌓이면서 흔히 말해 매너리즘에 빠져 가는 저의 모습을 들여다본 회개의 기도를 가사로 표현했습니다. 작곡은 아무래도 자신이 없어서 1989년 8회 극동방송 전국복음성가경연대회에서 <골목길 걸을 때>라는, 이전에 없던 획기적인 가스펠송으로 인기를 누리던 이성균 형제(목사로 사역하다가 2017년 천국에 갔습니다)에게 의뢰했습니다.

가수 들국화와 활동하기도 했던 이성균 형제는 핑거스타일의 기타리스트로 알려져 있었습니다. 곡을 의뢰하면서 뭔가 새로운 분위기를 기대했는데, 역시나 당시 가요계에서도 새로운 스타일이던 보사노바 리듬으로 만들어 왔습니다. 성균 형제의 기타에 맞추어 곡을 불러 보았더니 새롭기는 한데 포크 스타일의 음악을 주로 하던 제가 소화하기란 쉽지 않았습니다. 하지만 저의 고백이요 나누고 싶은 이야기 주제라서 음반에 싣기로 결정했고, 함춘호 씨가 편곡을 했습니다.

기본 연주를 한 후 노래를 녹음하던 날이었습니다. 저는 수차례 연습을 했던 터라 어색하긴 해도 제법 부를 수 있었지만, 그동안 바빠서 녹음실에서야 악보를 본 태식이는 리듬을 따라가지 못했습니다. 여러 번 시도해 보던 태식이가 한마디 던졌습니다.

"이건 못 하겠네요. 1절은 제 스타일로 부르고, 국명이가 나오는 부분부터는 제가 따라서 할 테니 녹음한 앞부분은 지워 주세요."

순간 숨이 멎는 줄 알았습니다. 지금은 함춘호 씨와 오랜 친구처럼 편한 사이이지만 그때는 그럴 만한 관계가 아니었습니다. 저는 지금도 그분이 해온 편곡이나 연주에 토를 달지 못합니다. 하지만 태식이는 달랐습니다. 태식이는 건반 주자에게 첫 코드를 눌러 주면 편하게 부를 테니 따라와 달라고 요청했습니다. '조용필과 위대한 탄생'의 건반 주자였던 분이 친절하게도 그렇게 해주어 태식이만의 분위기로 곡을 업그레이드했습니다.

<예수여> 가사에는 저의 처절한 회개가 포함되어 있습니다. 그런데 이성균 형제의 작곡은 그 처절함을 담아내기에는 많이 경쾌해서 내심 걱정하던 차에 태식이가 그 처절함을 앞부분에서 맘껏 표현해 주어 얼마나 고

마웠는지 모릅니다.

처음 주님을 만났을 때는 순수하고 열정적이며 손익 계산이 없습니다. 하지만 신앙과 사역의 연수가 쌓여 가고 현실 문제와 부딪히면 조금씩 타협하며 변하기 시작합니다. 그 변함의 시간이 깊어지다 보면 그게 당연하고 정당하고, 처음의 순수를 주장하는 사람들이 오히려 유치해 보이기도 합니다. 그러다가 어느 날 고난을 만나, 내 경험과 능력으로 해결하려고 발버둥 치다 보면 이미 벼랑 끝에 와 있습니다. 무력감에 모든 걸 내려놓고 돌아보면 처음 사랑과는 너무나도 멀어져 버린 모습을 발견하게 되지요.

그래서 저는 날마다, 순간마다, 이 찬양을 하며 발버둥을 칩니다. 그래야만 조금이라도 변함의 속도를 늦출 수 있기 때문입니다.

나날이 쌓여 가는 사소한 타협들
그것에 쓰러지지 않게 쓰러지지 않게
쓰러지지 않게 하소서

예수여

주만 바라볼찌라

박성호 작사·작곡

하나님의 사랑을 사모하는 자
하나님의 평안을 바라보는 자
너의 모든 것 창조하신 우리 주님이
너를 얼마나 사랑하시는지
하나님께 찬양과 경배하는 자
하나님의 선하심을 닮아 가는 자
너의 모든 것 창조하신 우리 주님이
너를 자녀 삼으셨네

하나님 사랑의 눈으로
너를 어느 때나 바라보시고
하나님 인자한 귀로써
언제나 너에게 기울이시니
어두움에 밝은 빛을 비춰 주시고
너의 작은 신음에도 응답하시니
너는 어느 곳에 있든지 주를 향하고
주만 바라볼찌라

✦

다윗과요나단 1집은 제가 목회를 해야 하는 상황에서 만든 고별 음반이고, 3집은 태식이가 미국으로 갈 계획을 세우면서 만든 고별 음반입니다. 4집은 비자 문제로 태식이의 미국 일정이 늦어지는 덕분에 만들 수 있었는데 이게 진짜 고별 음반이 되었습니다.

4집은 함춘호 씨와 함께 음악적으로 뛰어난 음반을 만들었지만 반응도 시원찮은 데다 태식이가 미국으로 건너가면서 이제 남성 듀엣이 아니라 황 목사 혼자 남았다는 소식에 방송도 집회도 취소되기 시작했습니다. 듀엣으로 부르던 곡을 저 혼자 부르니 제가 들어봐도 심심하기 짝이 없었습니다.

고민 끝에 미국으로 건너가 태식이를 만나서, 한국에서 이 사역을 계속 이어 가기 위해 5집 음반은 단독으로 만들겠다고 양해를 구했습니다. 하지만 항상 둘이 하던 노래를 혼자 부르려니 뭔가 변화가 필요했습니다. 두 사람이 부르던 분위기를 어느 정도 유지하기 위해서는 음역대도 높이고 목소리 힘도 길러야겠다는 생각이 들었습니다. 당시에는 노래를 지도해 주는 보컬트레이너가 드물었고, 그나마 모두 성악 전공자들이어서 도움을 받기 어려웠습니다. 그래서 다른 사람의 도움 없이 혼자서 훈련을 했습니다.

방법을 몰라 속설에 따라 제 음역대보다 높은 록이나 헤비메탈 음악을 틀어 놓고 악을 쓰며 따라 했습니다. 연습실이 따로 없어서 운전할 때 차 안에서 주로 훈련했습니다. (그때 동승했던 아내와 두세 살배기 아들과 딸은 그 영향으로 살짝 가는귀가 먹었는지 요즘 저희 집은 사오정 집안이 되어 의사소통에 가끔 혼란이 생기기도 합니다.)

그러던 어느 날, 목이 살살 아프더니 급기야 너무 아파서 말이 안 나오고 목에서 피도 났습니다. 제가 원하는 음은 나오질 않고 목소리는 점점 쉰소리로 변해 갔습니다. 깜짝 놀라 이비인후과를 찾았고, 성대결절 진단을 받았습니다. 1992년, 지금부터 30년 전이니 성대결절 수술이 발달하지 않아 의사는 수술 불가 판정을 내렸습니다. 걱정이 되었는지 의사가 물었습니다.

"성대를 들어내야 할 정도로 결절 부위가 커서 수술을 할 수 없습니다. 실례이지만 무슨 일을 하시나요?"

"노래하는 사람입니다."

"죄송하지만 평생 노래는 못 하실 겁니다. 노래는 물론 말을 못 하실 수도 있습니다."

너무도 큰 충격이었습니다. 저는 말씀을 전하는 목사이고 찬양을 하는 복음가수인데, 둘 다 불가능하다면 할 수 있는 일이 없었습니다. 목을 쓸 수 없다면, 제 존재 의미와 가치가 모두 사라지는 셈입니다.

'뭘 해서 먹고 살지? 가족들은 어떻게 책임져야 하나?'

하늘이 무너지는 것 같았습니다. 하지만 어린 남매를 돌보는 아내가 충격을 받을 것 같아 내색도 못 하고 가슴에 묻고 울며 기도하기 시작했습니다.

그러던 어느 날, 복음성가경연대회에 함께 출전했던 한 친구를 방문했다가 그 교회 찬양집 속에 작곡자의 이름도 없이 묻혀 있던 악보를 보게 되었습니다. 그 곡이 바로 <주만 바라볼찌라>입니다. 특별히 "너의 작은 신음에도 응답하시니"라는 가사에 왈칵 눈물이 쏟아졌습니다.

그날부터 홀로 그 곡을 부르며 다시 찬양할 수 있게 해달라고 하나님께 울며 매달렸습니다. 그러기를 2년. 어느 날, 목이 회복되더니 정상적으로 노래할 수 있게 되었습니다. 아무런 치료도 받지 않았는데, 세상 의학은 불가능하다고 진단했는데, 하나님은 불가능을 가능케 하셨습니다.

목이 극적으로 회복되어 1994년 혼자서 다윗과요나단 5집 음반을 발표했고, 마지막 트랙에 <주만 바라볼찌라>를 작자 미상으로 실었습니다. 그런데 이른바 대박이 나서 혼자여도 좋으니 <주만 바라볼찌라>를 불러 달라며 그때부터 여기저기서 초청을 해왔습니다. 거의 매일 집회를 했고, 주일에는 하루에 여섯 번의 집회를 인도하기도 했습니다. 그리고 이 찬양으로 4년 연속, 연말에 방송국이 시상하는 '한국복음성가 대상'을 받았습니다. 더군다나 재미있는 것은 저 혼자 불렀는데 '중창 부문' 대상을 받는 기적 중의 기적이 일어났습니다!

이 찬양의 첫 열매는 청주에 사는 고3 여학생입니다. 입시 압박을 못 견뎌 스스로 목숨을 내려놓으러 가던 길에 레코드 가게에서 흘러나오는 <주만 바라볼찌라>를 멈춰 서서 듣다가 용기를 얻어 열심히 공부하고 있다는 편지를 보내 왔습니다. 이 곡을 발표한 지 거의 30년이 되는 지금까지도 <주만 바라볼찌라>를 부르고 나면 집회가 끝난 후 저를 찾아와 이와 비슷한 간증을 해주는 분들이 정말 많습니다.

그렇습니다. 우리는 어떠한 상황에서도 주만 바라봐야 합니다. 그러면 우리의 작은 신음에도 응답하시는 주님께서 제게 행하셨던 기적을 여러분에게도 행하실 줄 믿습니다.

주만 바라볼찌라

너희는 나를 누구라 하느냐

권희석 작사 · 작곡

가이사랴 빌립보에서

주님께서 제자들에게

난데없이 갑자기 던진 질문은

사람들이 나를 누구라 하느냐

제자들은 놀란 표정에

서로 얼굴 마주 보면서

사람들이 때로는 엘리야라고

세례 요한 또는 선지자라고

대답 끝난 후에 예수님께서

사람들은 그렇다지만

너희들은 이제 나에 대하여

어떤 생각하고 있느냐

주는 그리스도이시며

살아 계신 하나님 아들

이런 신앙 고백은 베드로뿐 아니라

진심으로 우리 모두 해야 하오

✦

      <너희는 나를 누구라 하느냐>는 다윗과요나단을 세상에 알린 <친구의 고백>, <요한의 아들 시몬아>를 작사·작곡한 권희석 목사님의 곡입니다.

      음반 제작을 위해 여러 작곡자에게 수십 곡을 받아서 불러 본 뒤 거르고 걸러서 10곡에서 12곡을 최종 선정합니다. 그런데 아쉽게도 저희에게 오는 찬양 중에 빠르고 경쾌한 곡을 만나기가 쉽지 않습니다. 권희석 목사님에게 이 곡을 처음 받았을 때 가사도 좋고 곡도 특이해 분위기 전환용으로 넣으면 좋겠다 싶어서 무조건 음반에 담기로 했습니다. 4집에 이어 5집 편곡도 함께하고 있던 함춘호 씨에게 편곡을 부탁했더니 당시 유행하던 레게 리듬으로 편곡을 해왔습니다.

      그 시절 김건모라는 가수를 통해 레게 리듬이 대중가요를 휩쓸고 있을 때여서 편곡 상태가 아주 맘에 들었습니다. 하지만 한국 교회 특히 다윗과요나단을 세워 준 극동방송의 음악 성향과 잘 맞지 않는 듯하여 고민이 깊었습니다. 인터넷이 활발하던 시절이 아니어서 방송을 통해 소개되지 않고서는 대중에게 알릴 방법이 없었는데, 당시 극동방송은 가사와 곡에 대한 심의가 엄격했기 때문입니다.

      음반이 발표된 후 극동방송에서 생방송을 진행하던

중에 마침 이 곡을 소개했더니 생각보다 반응이 아주 좋았습니다. 장르를 오해해 혹시 금지곡이 될까 봐 걱정했지만, 오히려 "이 노래에 나오는 악기가 무슨 악기입니까?" 물어서 '콩가'라고 알려 주니 다들 매우 신기해했습니다. 방송국은 통과했으나 역시 한국 교회 정서에는 시기상조였는지 이 곡은 널리 알려지지 못하고 그대로 묻혔습니다. 이른바 '떼창'을 할 만큼 쉽고 대중적인 곡은 아니었지만, 가사 내용이 매우 중요한 메시지를 담고 있어서 그것을 나누고 싶었는데 아쉽게 되었지요.

1995년, 다윗이 예루살렘을 수도로 정한 지 3,000년이 되는 해를 기념해 '예루살렘 3000'이라는 국제적인 행사가 개최되었습니다. 극동방송 김장환 목사님과 함께 한국대표단에 포함되어 이스라엘 성지를 방문할 수 있었습니다. 저의 재정 능력으로는 평생 불가능했을 성지순례를 감사하게도 그런 방법으로 다녀오게 되었습니다.

예수님이 밟으신 땅과 그분의 흔적을 따라다니던 모든 순간이 감격이었지만, 특히 잊지 못할 장면은 전 세계에서 모인 찬양사역자들이 다윗성에서 펼친 공연이었습니다. 오케스트라와 함께하는 무대가 두 군데서나 진행되었고, 당시 미국을 중심으로 전 세계에 영향을 미치던 찬양가수들이 출연했습니다. 다윗성 성곽을 수백 명의 성가대가 가득 메우고 은은한 조명과 함께 찬양으로 예배하던 장면은 그야말로 천국에서 천사와 함께 찬양하는 모습을 상상하게 했습니다.

가이사랴 빌립보 노천극장에서 김장환 목사님이 설교를 하시고는 갑자기 제게 특송을 부탁했습니다. 저는 관광객 복장에 샌들을 신고 있어서 부랴부랴 운동화를 빌려 신고 무대에 올랐습니다. 무슨 찬양을 해야 하나 고민하다가 그 지역명이 들어간 <너희는 나를 누구라 하느냐>를 불렀습니다. 찬양을 마친 후에 김 목사님이 "듣는 사람이 모두 외국인인데 왜 영어로 부르지 않았느냐"고 물었던 기억이 있어서, 이 찬양을 할 때마다 웃음이 새어 나옵니다.

사실 예수님 시절에 "주는 그리스도이시요 살아 계신 하나님의 아들"(마 16:16)이라는 말은 엄청난 파장을 일으킬 만한 고백이었습니다. 예수님은 공생애 초기에는 자신의 신분을 드러내지 않으셨습니다. 하나님이 아니고서는 베풀 수 없는 기적을 직접 체험한 사람들에게도 그리하다가 공생애 말기에나 공공연히 드러내놓고 말씀하셨을 정도입니다. 어쩌면 이 고백은 예수님이 이스라엘에서 공생애를 완성하지 못하는 변수가 될 정도의 엄청난 고백입니다.

그 당시 사람들은 예수님을 엘리야나 선지자 중의

하나 정도로 생각했고, 제자들도 그렇게 생각했을지 모릅니다. 예수님은 제자들이 자신을 도대체 어떻게 생각하고 따라다니는지 궁금하셨는지 "너희는 나를 누구라 하느냐?" 하고 물으셨고, 베드로가 기가 막히게 정확한 고백을 합니다.

설교를 듣고 성경을 읽으며 예수님의 공생애 사역을 수도 없이 들은 우리에게도 베드로의 고백, "주는 그리스도시요 살아 계신 하나님의 아들이시니이다"(마 16:16)라는 이 고백은 여전히 중요합니다.

오늘을 사는 우리 또한 예수님 시절 그 사람들처럼 예수님을 우리의 필요를 채워 주시는 분 정도로만 고백하고 있는 것은 아닌지 모르겠습니다. 곤고할 때는 예수님을 찾다가 필요가 채워지면 잊어버리는…. 여러분은 어떠신지요?

> 주는 그리스도이시며
> 살아 계신 하나님 아들
> 이런 신앙 고백은 베드로뿐 아니라
> 진심으로 우리 모두 해야 하오

너희는 나를 누구라 하느냐

이제 내 나이 다섯 살

황국명 작사 · 이정림 작곡

이제 내 나이 다섯 살

난 아직 꼬마라서

예수님에 대해 잘 알지 못하지만

난 예수님 믿겠어요

우리 아빠처럼 찬송하며

엄마처럼 기도하며

즐겁게 살아가시는 엄마아빠가 믿는

좋으신 예수님을

✦

　SNS가 세상을 바꾸어 놓았음을 누구나 인정할 것입니다. 직접 만나야 관계가 이어지고 언론매체의 뉴스를 통해서만 세상 돌아가는 이야기를 들었는데, 이제는 컴퓨터도 필요 없이 손에 있는 스마트폰 하나로 지구 반대편에 있는 사람과도 소통하는 시대가 되었습니다.

　그러다 보니 누군지도 모르는 사이버 공간의 친구들 때문에 제 좁은 머릿속에 너무 많은 이들이 살아가고 있습니다. 진짜 친구의 소식은 어디에 있는지도 모른 채 하루 종일 모르는 사람들 모습과 그들의 이야기에 과부하가 걸리기도 합니다. 원치 않는 정치, 종교, 경제 이야기 등에 시달리다 보면 점점 이런 이야기를 건성으로 넘기게 되고, 진짜 친구들의 이야기까지 대충 보게 됩니다. 소통 없는 SNS 친구들을 정리할 필요가 절실해질 때도 있지만, 상처를 받을지도 모르는 그 누군가 때문에 그것도 쉽지 않더군요. 더군다나 얼굴을 마주 대하지 않으니 막말을 하고, 인신공격에, 심지어는 살인보다 더 잔인한 댓글 폭력을 가해 정신적으로 육체적으로 망가뜨려 삶을 포기하게 하는 이들도 있으니 사이버 공간에서의 활동이 필요한지 싶을 때가 있습니다.

　그래서 가능하면 사역 이야기나 특별한 근황이 생겨서 알려야 하는 것 외에는 SNS에 사적인 포스팅을 하지 않고, 더군다나 가족 이야기는 되도록 올리지 않습니다. 하지만 많은 분이 가족 문제, 특히 자녀의 신앙교육 문제로 힘들어하는 것을 알기에 부족하지만 제 경험을 나누고자 합니다.

앞에서 잠깐 언급했듯이 집회에서는 여전히 1집과 2집에 있는 찬양을 불러 달라는 요청이 많아서 '다윗과요나단 베스트' 음반을 만들었습니다. 베스트 음반에는 각 음반에서 세 곡씩 뽑고 한 곡은 '에바다 선교교회'를 함께 섬기던 베이시스트 양은구 형제가 작사·작곡한 <나누어 주어요>라는 새 곡을 넣었습니다. 멜로디와 가사가 정말 좋았고, 특히 "티 없이 맑은 눈망울처럼"으로 시작하는 첫 가사는 아이들과 같은 순수한 사랑과 나눔에 관한 내용이어서 앞부분에 아이들이 노는 소리를 넣고 싶었습니다.

다른 분들도 그렇겠지만, 아이가 더듬더듬 말을 할 때의 감격이란! 아들 희운이가 세 살 때 하던 말 중에 "아빠, 사랑해요"가 저를 가장 행복하게 했습니다. 그 말을 음반에 넣고 싶어서 아이를 살살 유도했습니다.

처음에는 "희운아, 희운이 몇 살?" 하고 물으면 "쩨짤"로 대답했고, 아직 다른 아이들의 이름을 발음할 수 없으니 제일 친했던 친구인 최인혁 형제의 딸 '지인'이와 태식이의 아들 '형욱'이, 그리고 이제 태어난 지 얼마 되지 않은 제 딸 '운지'의 이름을 불러 가며 "사랑하니?" 하고 물었습니다. 그리고 마지막에 "아빠도 사랑하니?"라고 유도해서 "아빠, 사랑해요"라는 대답이 나올 때 얼른 녹음한 뒤 아이들이 뛰노는 소리를 넣었습니다. 음반에 수록된 목소리 때문에 대부분 그 주인공이 여자아이인 줄 아는데, 지금은 저보다 더 굵은 목소리를 내는 제 아들입니다.

그 후에 5집을 만들 때는 아이들이 부르는 곡을 실으면 좋겠다 싶어서 제가 가사를 쓰고 <깨끗이 씻겨야 하리>를 작곡해 준 이정림 사모님에게 곡을 부탁해 <이제 내 나이 다섯 살>이라는 작품을 만들었습니다.

이 노래는 너무 짧아서 앞부분에 그 시절 저희 가정의 식탁 분위기를 담았습니다. 당시에 아이들에게도 가끔 식사 기도를 시켰는데, 그때 다섯 살이던 아들은 "하나님, 맛있는 소시지도 주시고, 계란도 주시고… 잘 먹겠습니다. 아멘"이 주된 기도였고, 네 살이지만 11월생이라 아직 말이 서툴렀던 딸은 오빠를 따라 "하나님" 하고 시작하고는 반찬 이름은 모르고 "아빠두… 엄마두… 할머니두… 아멘" 했습니다. 그 모습이 어찌나 예쁘던지 그 분위기를 담으려고 노력했습니다.

저는 아이들을 위해 한 가지 분명한 기도 제목이 있

었습니다. 저희 아이들이 본인의 의지와 상관없이 목사의 자녀로 태어났으니 교회에는 다니겠지만, 그것을 넘어 인격적으로 주님을 만나게 해달라고 늘 기도했습니다. 한국 교회 성도들은 목회자 집 강아지도 목회자로 취급하는 경향이 있고, 예전에는 그런 생각이 훨씬 강했습니다. 그러니 목회자 자녀들은 일반 성도가 생각하는 것보다 훨씬 큰 아픔을 갖고 있습니다.

신학교에서는 "목사가 되기 전에 먼저 인간이 되라"라는 말이 자주 회자됩니다. 그만큼 목회자의 윤리가 중요하다는 의미이겠지요. 그래서 극도로 조심하고 또 조심하지만, 목회자도 완벽하지 않은 사람인지라 실수를 하게 됩니다. 목사의 자녀로 살아가면서 아버지에게, 또 교회와 교인들에게 상처받는 일이 비일비재할 것입니다. 그래서 아버지가 목사이고 자녀들이 늘 교회에 다닌다고 안심할 것이 아니라 자녀들이 하나님을 인격적으로 만나기를 늘 기도했던 것입니다.

아이들이 초등학교 1, 2학년을 마치고 제 건강 때문에 가족 모두 미국으로 갔는데, 아이들은 6개월 만에 미국 생활에 완전히 적응했습니다. 1년만 머물려던 미국 생활이 어찌어찌하다가 길어지면서 아이들이 간단한 단어 외에는 한국말을 거의 쓰지 않아 우리말을 잊어 가는 듯했습니다. 한국에 돌아가면 적응하기 어려울 것 같아 우리말을 잊지 않게 하려고 매일 성경 한 장씩을 읽고 쓰게 했습니다. 나중에 보니 쓰는 게 아니라 그림을 그리고 있더군요.

아이들에게 영어가 모국어가 되다시피 하니 사춘기에 접어들면서 대화에 한계가 느껴졌고, 특히 신앙의 대화를 깊이 할 수 없었습니다. 저희 재정으로는 무리였지만 사립 기독교 학교에 보내고, 아이들이 하나님을 만나도록 기도하고 또 기도했습니다. 하지만 오히려 그 학교에서 아이들은 상처를 받았고, 일부 비인격적인 교사 때문에 기독교에 대한 반감까지 생겼습니다.

다행히 하나님이 귀한 교회학교 전도사님을 보내 주셔서 그분을 통해 아이들이 주님을 인격적으로 만났습니다. 그리고 '갓스 이미지God's Image'라는 청소년 댄스 찬양팀에서 하나님을 향한 마음을 키워 갔습니다. 이제는 목사인 저보다도 더 목회자의 마음을 품고 청소년들의 삶을 바꾸어 놓는 사역자의 역할을 하고 있습니다.

자녀들이 교회에만 나간다고 모든 것이 다 해결되지 않습니다. 두 아이를 키우면서 깨달은 한 가지는, 완벽하지 않고 실수도 하고 상처도 줄지언정 먼저 부모가 가정에서 이중적이지 않은 기독교적 가치관으로 살아가는 모습을 보이면 자녀들도 기독교적 가치관을 배운다는 것입니다. 그리고 좋은 친구, 좋은 멘토, 좋은 교회를 만나게 해달라고, 하나님을 인격적으로 만나 그 안에서 행복을 깨닫고 살아가게 해달라고 늘 기도해야겠지요. 거기에 더해 신앙적인 가치관 밖의 행동을 하거나 세상으로 향하는 욕망을 보일 때는 따끔하게 징계해야 합니다. 징계는 어릴수록 강하게 하고, 사춘기부터는 솔직한 대화로 풀어 가는 것이 중요한 것 같습니다. 머리가 커진 뒤에는 무슨 노력을 해도 무용지물이 되고 말더군요.

자녀교육 전문가는 아니라서 저도 수많은 시행착오를 겪었습니다. 다만 자녀를 양육하면서 깨달은 결론은, 끊임없는 기도와 내가 먼저 하나님의 사람으로 살아가는 모습을 보여야 한다는 것입니다.

아무것도 염려하지 말고 다만 오직 모든 일에 기도와 간구로, 너희 구할 것을 감사함으로 하나님께 아뢰라. 그리하면 모든 지각에 뛰어난 하나님의 평강이 그리스도 예수 안에서 너희 마음과 생각을 지키시리라(빌 4:6-7).

마땅히 행할 길을 아이에게 가르치라. 그리하면 늙어도 그것을 떠나지 아니하리라(잠 22:6).

이제 내 나이 다섯 살

멀고도　험한

고난의　길을

이런 믿음은 안 돼

황국명 작사 · 함춘호 작곡

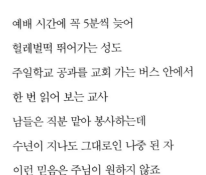

예배 시간에 꼭 5분씩 늦어

헐레벌떡 뛰어가는 성도

주일학교 공과를 교회 가는 버스 안에서

한 번 읽어 보는 교사

남들은 직분 맡아 봉사하는데

수년이 지나도 그대로인 나중 된 자

이런 믿음은 주님이 원하지 않죠

오 안 돼요 안 돼 주님이 원하지 않죠

성가대 연습 제대로 안 하고

이상한 소리 내는 성가대원

설교 시간 처음부터 졸기 시작해서

축도할 때에 정신이 드는 성도

헌금을 준비 않고 지갑 속에서

천 원짜리 기막히게 찾아내는 자

이런 믿음은 주님이 원하지 않죠

오 안 돼요 안 돼 주님이 원하지 않죠

예배 시간에 삐삐~ 소리로

모두의 시선을 받는 성도

교회 일을 상의할 때 반대를 위한 반대로

분위기 망치는 성도님

교회 문 나갈 때 주님과 작별하여

생활 속에서 주님과는 별거하는 자

이런 믿음은 주님이 원하지 않죠

오 안 돼요 안 돼 주님이 원하지 않죠

우리의 예배는 감격이 있어야 하는데

우리의 봉사는 사랑이 넘쳐야 하는데

우리의 믿음은 생명이 있어야 하는데

안 돼요 안 돼 선생님 집사님 장로님

성도님 성가대 여러분

✦

　5집 음반의 곡들은 저 혼자서 노래를 했는데, 제작 과정에 같이 있던 전태식 목사가 첫 곡에 화음을 넣어서 그런지 혼자 불렀다는 사실을 다들 잘 모릅니다. 아마도 1집부터 대부분 제가 멜로디를 하고 전태식 목사가 화음을 넣어서 큰 변화를 못 느꼈나 봅니다.

　어떤 분들은 제가 멜로디를 주로 부르니 저보고 메인 가수라고 합니다. 그런데 제가 메인이어서 멜로디를 하는 것이 아니고, 저는 멜로디밖에 할 줄 모르고, 혹시라도 화음을 넣으려면 엄청난 연습을 해야 하기 때문에 멜로디를 부릅니다. 반면에 전태식 목사는 처음 부르는 곡도 화음이 가능하고 고음도 워낙 잘 뽑아내기 때문에 전 목사가 화음 역할을 합니다.

　<친구의 고백>은 멜로디 가운데 음이 높은 부분은 제가 낮은 화음을 넣어 불렀고, <요한의 아들 시몬아>는 후렴에 "그때 나는 주께 대답했네" 하고 부르는 부분이 너무 높은 음이어서 두 번 다 전태식 목사가 솔로를 했습니다.

　무리한 홀로서기 연습으로 평생 목소리를 잃을 뻔했던 성대결절이 회복된 후 음역대도 높아지고 목소리에 힘도 생겨서 저도 이제는 원곡보다 음을 높여서 부르곤 합니다. 그래도 여전히 <요한의 아들 시몬아>의 "그

때 나는 주께 대답했네" 부분은 힘든 음역대라서 소리를 질러야만 부를 수 있습니다. 이런 사정을 모르는 분들은 제가 소리를 지르며 그 부분을 부르면 부담스럽다면서 댓글로 비난의 화살을 쏩니다.

혼자 노래해도 한 사람이 부르는지 모르는 듯하여 6집을 만들 때는 미국에 거주하던 전태식 목사가 잠시 귀국해서 함께 만들었습니다.

그 무렵, 한때 선한 일에 재능기부 음반을 만드는 일로 만나 작업하며 손잡고 기도한 적이 있는 대중가수 김광석의 '김광석 다시 부르기' 음반이 나왔습니다. 저는 그 음악 스타일이 아주 마음에 들어서 '김광석 다시 부르기' 음반 작업을 했던 함춘호 씨에게 6집을 그런 분위기로 만들면 좋겠다고 제안했습니다. 그랬더니 이런 대답이 돌아왔습니다.

"4집과 5집 때 선곡해 온 다윗과요나단 곡들이 모두 무거운 분위기라서 그렇게 편곡할 수밖에 없었어요."

그 말에 제가 역제안을 했습니다.

"제가 가사를 써 드릴 테니 '김광석 다시 부르기' 같은 분위기가 나게 작곡을 해주실 수 있을까요?"

함춘호 씨가 흔쾌히 제안을 수용해서 6집에 수록된 곡은 황국명 작사, 함춘호 작곡의 찬양이 대부분입니다.

그때 함춘호 씨가 편곡비를 선불로 받을 수 있다면 홈스튜디오 장비를 사서 늘 함께 음악 작업을 하던 '더 클래식' 멤버 박용준 씨와 동해안 바닷가에서 숙식하며 따뜻한 음악을 만들고 싶다고 했습니다. 그 제안이 맘에 들어 4집부터 제작비를 미리 지원해 주고 음반이 팔리는 대로 인세에서 갚는 방법으로 작업을 진행했던 예문기획 대표님에게 선불금 지급을 부탁했지만, 기획사 사정이 여의치 않아 무산되고 말았습니다. 지금까지도 그때 그 제안을 들어주지 못한 것이 아쉬움으로 남아 있습니다.

6집은 그동안 집회를 하면서 나누고 싶었던 이야기들을 가사로 썼고, 함춘호 씨가 작곡을 한 후 '김광석 다시 부르기' 음반에 참여했던 멤버들이 모여서 멋진 음반으로 만들었습니다. 하지만 역시 가요와 가스펠은 반응이 다름을 뼈저리게 경험했습니다.

특히 <이런 믿음은 안 돼>는 어린 시절 교회학교 보조교사와 성가대원 등으로 교회생활을 하면서 저 스스로 주님께 늘 죄송했던 부분을 가사에 담았습니다. 음반 제작 때마다 고민이었던 '경쾌한 분위기의 곡'이 필요해서 당시 유행하던 "청바지가 잘 어울리는 여자"(변진섭의 <희망사항>) 같은 분위기로 재미있게 만들어 달라고 함춘호 씨께 요청해서 나온 곡입니다.

집회에서 <이런 믿음은 안 돼>의 탄생 배경을 이야기하고 "우리 함께 회개합시다" 하면 참석자들이 리듬에 맞추어 박수를 치며 재미있게 부를 수 있는, 분위기 전환용 곡이지요. 특히 "성가대 연습 제대로 안 하고 이상한 소리 내는 성가대원" 부분에서는 거의 폭소가 터져 나왔고, 저희 다윗과요나단의 찬양에 전혀 관심을 보이지 않던 주일학교 어린이와 중고등부 학생들, 청년들도 이 노래엔 반응을 보였습니다.

저도 나중에 알았는데, 교회마다 문학의 밤이나 각종 행사 때면 이 곡에 율동을 개발해 붙이거나 콩트 형식으로 만들어 발표를 했었나 봅니다. 그런데 미국에 머물고 있을 때 인터넷으로 자료를 찾다가 이 노래가 소개된 어느 영상에 아주 심한 욕설이 댓글로 올라온 것을 보게 되었습니다. "헌금을 준비 않고 지갑 속에서 천 원짜리 기막히게 찾아내는 자"라는 가사를 두고 "하나님이 천 원짜리 헌금은 안 받냐? 니가 목사야? 이 ○○○아" 하는 내용의, 생전 처음 듣는 욕설이었습니다.

그래서 기회가 있을 때마다 "예배는 하나님께 정성으로 드려야 하는 것인데 헌신의 마음으로 미리 준비하지 않고 헌금시간에 주머니 속 지갑을 만지작거려서 천 원짜리를 기막히게 골라내어 헌금했던 저의 잘못을 회개하는 마음으로 가사를 썼고, 만약 저와 같은 헌금 자세가 있다면 우리 같이 회개하자는 의미로 만든 곡입니다"
라고 곡의 탄생 배경을 전하며 불렀습니다. 그런데 세상
에! 제가 그렇게 덧붙여 설명한 내용까지도 말도 안 되
는 변명이라는 식의 댓글이 있어서 깜짝 놀랐습니다. 그
러고는 가사의 몇몇 부분을 조목조목 짚으며 변질된 가
짜 기독교라며 꼬집는 기사도 있었습니다.

　　물론 창작자의 손을 벗어나는 순간 창작물을 해석
하고 받아들이는 것은 대중의 몫이긴 하나, 저의 의도와
전혀 다르게 자신들의 반감으로 난도질하는 모습을 보
니 마음이 씁쓸했습니다. 이 곡에 율동을 만들어 어린이
들이 부른 어느 대형교회 영상에서 '천 원짜리' 부분을
강조하고 반복하는 부분이 있어서 그게 도화선이 된 듯
합니다. 하지만 일부 목회자들의 왜곡된 모습을 일반화
하거나 마치 제가 그런 의도로 이 곡을 쓴 것처럼 보도한
어느 매체의 기사는 해도해도 너무 한다 싶더군요. 어떤
분은 비슷한 가사의 다른 노래를 칭찬하면서 저를 '높은
지위'(목사의 직분을 비꼬는 의미에서 사람들이 쓴 표현)에서
일반 성도들을 깔아뭉개는 사람으로까지 썼더군요.

　　제가 이 내용을 여기에 기록한 것을 갖고도 일부는
공격할 수도 있겠지만, 전혀 그런 의도를 가지고 이 곡을
쓰지 않았음을 다시 한번 밝힙니다. 저의 어린 시절 부끄
러운 신앙생활을 회개하는 내용이고, 제 역할이 교회의

초청을 받아 가서 찬양으로 성도들을 위로하고 권면하는 것인 만큼, 저와 같은 모습이 있다면 우리 같이 회개하자는 뜻으로 만들었음을 말씀드립니다.

혹시라도 이 글을 읽는 분들 가운데 <이런 믿음은 안 돼> 노래를 듣거나 영상을 보고 기분 나빴던 분이 있다면, 그런 취지로 쓴 곡이 아님을 다시 강조하며 죄송하다는 말씀을 드립니다.

이런 믿음은 안 돼

천국은

황국명 작사·작곡

천국은 밭을 갈다가 보물을 발견하고

소유를 다 팔아 밭을 사는 농부와 같이

가장 귀하게 여기는 자들의 것

가장 지혜로운 자들의 것

우리는 이 땅의 귀한 것들을 사려고

천국을 팔아 버리는 어리석은 자 같으니

우리의 목숨이 끝나는 그날에

후회는 이미 돌이킬 수 없는 것

천국은 이 땅의 소유를 다 팔아 사려는

참으로 지혜로운 농부와 같이

가장 귀하게 여기는 자들의 것

가장 지혜로운 자들의 것

✦

　1990년대 초 '찬양선교사'라는 명칭이 등장했지만, 저희는 교회의 초청을 받아 집회를 다니다 보니 제가 하고 있는 사역이 '선교'는 아닌 것 같았습니다. 게다가 그 무렵 예수전도단과 두란노 경배와찬양을 통한 '찬양 예배'들이 일어났지만, 교계에서는 그것을 예배로 인정해 주지 않아서 '찬양 모임'이라는 명칭을 쓰고 있었습니다. 그래서 저는 이를 통틀어 '기독교 문화사역'이라고 이름 붙이는 것이 적절하지 않나 하는 생각을 했습니다.

　세상이 저희 음악에 관심을 두지 않으니 선교를 하려면 다른 방법을 생각해야 했습니다. 그렇다고 대중음악을 만들 수도 없어 '그리스도인으로 알려진 대중가요 가수들에게 복음적인 내용이 담긴 노래를 만들어 부르도록 하면 선교를 할 수 있지 않을까' 싶었습니다. 그래서 만든 곡이 몇 있습니다.

　방송이나 행사를 통해 만나 교제하던 가수들이 제법 있었습니다. 하지만 제 성격상 그분들에게 섣불리 곡을 제안하고 거절당할까 봐 두려워 말도 못 꺼내고 있다가 다윗과요나단 4집 음반부터 한 곡씩 발표를 했습니다. 4집의 <내 님의 나라>는 시인과촌장의 하덕규, 5집의 <주님을 생각하면>은 신형원, 6집의 <내 마음엔>은 박학기, 그리고 지금 소개하는 <천국은>은 김광석 씨가 부르면 좋겠다고 생각했던 곡입니다.

　한국을 비롯해 전 세계 디아스포라 한인교회의 초청을 받아 집회를 다니다 보면 가정마다 다윗과요나단 음반 하나쯤 없는 집이 없었습니다. 초기 음반이 저희에게 재정적 도움이 되지 못했지만, 지금껏 하나님이 철마다 때마다 집회의 자리로 불러 주시고 매일의 만나를 공급해 주셔서 여태까지 잘 살아왔습니다.

　그런데 2020년 초 코로나19가 시작되면서 모든 집회가 취소되고 생활고가 뒤따랐습니다. 모아 놓은 돈 한 푼 없이 매달 월세며 지출할 비용이 많다 보니 자칫 우울증에 걸릴 뻔했습니다. 하나님은 그 시련의 때에 십자가 사랑 및 찬양과 예배를 회복하게 하셨고, 저는 그 어느 때보다 평안을 누리게 되었습니다. 특히 그간 잊어버렸던 천국 소망을 회복할 수 있었던 것이 가장 큰 은혜입니다.

　말 그대로 찢어지게 가난했기에, 고1 때 주님을 인격적으로 만난 후 오직 천국을 갈망하며 살았습니다. 모든 절망을 천국 소망으로 버텨 냈다고 해도 과언이 아닙니다. 그런데 어느 순간 그럭저럭 먹고살 만해지면서 저도 모르게 이 땅에서 좀 더 누리며 살고 싶은 욕망이 자라고 있었고, 천국에 대한 기대를 살짝 잊었습니다.

　코로나19 직전에 작은 집으로 이사하면서 조금 남

긴 보증금으로 한두 달은 버텼지만, 그 시간이 길어지니 생활 대책이 전혀 없었습니다. 한국에 거주하고 있으나 미국 생활이 오래인 터라 아직 외국인 신분입니다. 세금은 한국에 내면서도 외국인이라서 대출도 안 되고, 재난 지원금도 받지 못합니다. 그러니 누구에게 도와 달라고도 못하고 정말이지 죽고 싶은 심정이었습니다.

그때 마침, 미국에 살 때 가까이 지내던 청년이 가입해 달라고 부탁해서 들어 놓은 보험이 생각났습니다. 15년 동안 매달 300달러씩 넣었으니 해약하면 전부는 돌려받지 못하더라도 생활에 도움이 좀 되지 않을까 싶었습니다. 기대감에 부풀어 연락을 했더니 30년 만기 상품이라 중도 해약을 하면 한 푼도 받지 못한다는 대답이었습니다. 다만 어떤 이유로든 사망을 하면 수억 원을 받을 수 있다고 덧붙였습니다. 저는 그 말에 귀가 솔깃했습니다. 그날 밤, "천국에 소망이 있으니, 하나님 저 좀 데려가 주시면 안 되겠습니까?" 하며 울면서 기도했습니다.

가장이라는 무거운 짐을 지고 끙끙대며 여기까지 살아왔는데, 내가 죽어 보험금이 나오면 남은 가족이라도 물질 걱정은 하지 않고 살 수 있겠다 싶어 그렇게 기도했습니다. 정말 많이 힘들었거든요.

저는 부모형제 그 누구의 도움도 없이 그야말로 하나님이 주시는 만나로 평생을 살아왔습니다. 어떤 날은 집회에서 음반도 많이 팔리고, 늘 받아 오던 사례보다 더 많이 챙겨 주고, 익명의 후원금까지 받기도 했습니다. 그럴 때면 '이렇게만 된다면 나도 돈 걱정 없이 살겠다' 싶지만, 꼭 그만큼 지출할 일이 생깁니다.

사실 이번 코로나19를 겪으면서 '정말 이대로 가다간 굶어 죽겠다' 싶은 벼랑 끝에 섰을 때, 하나님이 기막힌 반전을 허락하셔서 엉엉 울며 찬양하는 날이 많았습니다. 그래서 생긴 엉뚱한 경제철학이 이왕이면 좋은 동네, 좋은 집에서 살자는 것입니다. 지지리 궁상으로 절약하며 살아도 굶지 않고 살 정도이지, 은행 잔고는 늘 바닥이었습니다. 조금 좋은 동네에 살아도 비슷하지 않을까 하는 믿음까지 생겼습니다.

저는 지금 경기도 동탄에서 살고 있는데, 제 주머니 사정에 비해 꽤 좋은 집에 거주했었습니다. 사연은 이렇습니다. 미국은 대체로 방이 넓어 각자의 방에 침대와 책상과 옷장을 모두 넣을 수 있습니다. 하지만 한국은 방이 좁아서 침대 하나 넣으면 꽉 들어찹니다. 아들 부부와 손주 둘, 저희 부부와 딸, 이렇게 일곱 식구가 함께 지낼 공간을 찾다 보니 부담이 되어도 넓은 집을 구할 수밖에 없었습니다. 넉넉해서가 아니라 필요한 주거 공간에 맞추다 보니 좀 좋은 집에 살게 된 것이지요. 아들과 딸이 월세 일부를 감당했기 때문에 가능했습니다. 코로나19 직전 아들네가 분가를 하면서 저희는 조금 작은 집으로 이사를 했고, 이곳에서 다시 천국 소망을 꿈꾸고 있습니다.

천국이 내 인생의 가장 큰 가치라면 이 땅의 것들을 다 팔아서라도 살 텐데, 이 땅의 좋은 것들을 사려고 천국 소망 따위는 내다 버린 듯한 모습을 자주 봅니다. 예배 때마다 부르짖는 기도도 사실 이 땅에서 잘되기를 바라는 내용이 대부분일 때가 많습니다. 저 역시 천국 소망을 잊은 날이 있었기에 의식적으로라도 천국을 바라보며 살려고 노력합니다.

지금 나에게 천국 소망이 있는지, 나의 최고 가치는 어디에 있는지 이 찬양을 부르며 함께 돌아볼 수 있기를 소망합니다.

천국은 이 땅의 소유를 다 팔아 사려는

참으로 지혜로운 농부와 같이

가장 귀하게 여기는 자들의 것

가장 지혜로운 자들의 것

천국은

나 외롭지 않네

노문환 작사 · 작곡

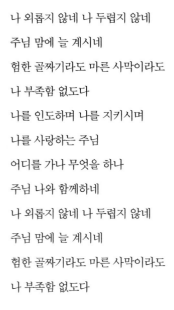

나 외롭지 않네 나 두렵지 않네

주님 맘에 늘 계시네

험한 골짜기라도 마른 사막이라도

나 부족함 없도다

나를 인도하며 나를 지키시며

나를 사랑하는 주님

어디를 가나 무엇을 하나

주님 나와 함께하네

나 외롭지 않네 나 두렵지 않네

주님 맘에 늘 계시네

험한 골짜기라도 마른 사막이라도

나 부족함 없도다

✦

　<나 외롭지 않네>는 1976년 부산에서 만들어진 '늘
노래선교단'(늘노래음악전도단)의 노문환 목사님이 작
사·작곡한 곡입니다. 세상문화도 그렇고 찬양문화도 주
로 서울을 중심으로 활성화되다 보니 지방에서 사역을
이어 가기가 쉽지 않습니다. 그런 중에도 늘노래선교단
은 통상적인 개념을 뛰어넘는 활동을 보여 주었습니다.

　늘노래선교단의 <나 외롭지 않네>를 듣던 중, 참 좋
은 곡임에도 많이 알려지지 않았고 태식이가 화음을 넣
어 부르면 멋지겠다는 생각이 들었습니다. 이미 발표된
곡은 음반에 싣지 않는다는 저희의 불문율을 깨고 노문
환 목사님에게 허락을 받아 6집 음반에 수록하였습니다.
그런데 음반을 녹음할 때는 전태식 목사와 함께했지만
전 목사가 미국에 머물고 있으니 집회에서 같이 부를 기
회가 없었고, 저 혼자 부르면 뭔가 밋밋해서 좋은 곡임에
도 자주 소개하지 못했습니다.

　1994년에 혼자서 5집 음반을 발표하고 <주만 바라
볼찌라>가 대히트를 하면서 매일 집회 요청이 있었습니
다. 하루 여섯 번 인도한 날도 있습니다. 그러다 건강이
무너져 급기야 쉬지 않으면 죽을 수도 있다는 경고를 받
았습니다. 한국에서는 쉴 만한 형편이 아니라서 미국으
로 건너가 1년간 요양하기로 계획했습니다.

1999년 2월 1일에 아내와 아이 둘을 데리고 떠난 미국 생활 첫 1년은 참 힘든 일이 많았습니다. 10여 년간 집회에 다니면서 미국을 제법 방문했고 그곳 상황을 좀 알고 있었습니다. 그래서 일단 캘리포니아주에 거주하기로 하고 준비하던 중에 샌프란시스코에서 목회하던 선배가 제 사정을 알고 도와준다고 해서 샌프란시스코로 마음을 정했습니다.

그런데 버지니아주 페어팩스에서 동역하기를 원하는 분이 있어서 먼저 그곳으로 갔다가 지금 생각해도 너무나 황당한 일을 겪었습니다. 그다음 펜실베이니아주 필라델피아에 놀러 간 차에 붙들려 1년간 그곳에서 지내고 나서야 샌프란시스코로 가게 되었습니다.

필라델피아는 뉴욕과 워싱턴 사이에 있는 동부 도시입니다. 이삿짐을 싸서 샌프란시스코까지 보내는 데 3주가 걸린다는 말에, 언제 해볼 수 있을지 모를 미국 대륙 횡단을 결심했습니다. 2000년 2월이었습니다. 겨울에는 로키산맥의 콜로라도를 통과하는 70번 도로는 위험하다고 하여 시카고까지 갔다가 남쪽 텍사스와 애리조나주를 통과하는 40번 도로를 선택했습니다. 날마다 거의 10시간 가까이 운전하고, 머무는 도시에 있는 한인교회에서 저녁 집회를 인도한 후 다음 날 또 이동하는 식으로 움직이니 2주가 걸렸습니다.

맨 먼저 메릴랜드 지구촌교회에서 첫 집회를 했고, 오하이오주 콜럼버스, 인디애나폴리스, 시카고, 세인트루이스, 오클라호마시티, 앨버커키, 그랜드캐니언, 애리조나 피닉스, 엘에이를 거쳐 샌프란시스코까지 이르는 여정이었습니다. 미니밴에 여행 짐을 싣고 가족을 태우고 혼자 운전하며 완주한 첫 대륙 횡단이었습니다.

한국에 계시는 장인어른께 이사하느라 2주 동안 연락을 못 드릴 거라고 말씀드렸더니 이해를 못하시더군요. 지도를 펴놓고 아무리 살펴봐도 한나절이면 움직일 것 같은 거리를 2주나 걸린다고 하니 이상했을 것입니다.

지금은 미국 여행을 많이들 하고 정보가 충분하지만, 그때만 해도 젊고 학식이 있는 분조차 샌프란시스코에 사는 저에게 엘에이 공항으로 마중을 나와 달라고 부탁하기도 했습니다. (참고로, 캘리포니아주 면적은 남한의 네 배가 넘어서, 같은 주에 있는 샌프란시스코에서 엘에이까지 자동차로 8시간 걸립니다.)

그리고 얼마 후 한국에서 온 찬양사역자들과 40일간 버스로 이동하며 찬양 투어 콘서트를 하면서 한 번 더 대륙을 횡단할 기회가 있었습니다. 정말 힘든 일정이었지만, 지금은 너무나도 그리운 추억이 되었습니다. 가장 힘들었던 구간은 오클라호마시티에서 텍사스주 위쪽의 혹 부분을 통과해서 앨버커키까지 가는 길이었습니다.

이미 한 주 동안 매일 운전하고 집회하는 일로 체력이 바닥나 있었습니다. 한국과 같은 휴게소도 없고, 보이는 것이라고는 끝없이 펼쳐진 직선도로뿐 아무것도 없는 광야를 하루 종일 운전해서 달렸습니다. 도중에 연료가 바닥나서 경고등이 들어왔지만 주유소가 없으니 연신 지도를 펼쳐 놓고 주유소만 기다리며 운전했습니다. '이러다 차가 멈추는 것 아니야?' 조마조마해하며 운전하던 그 길이 얼마나 두렵고 무섭던지…. 그때 일을 생각하니 지금도 머리가 쭈뼛거립니다.

저는 모두가 잠든 고요한 시간에 시나 곡을 쓰는 것을 좋아해서 늦게 자고 늦게 일어나는 습관이 있습니다. 오전에 집회나 방송이 있어서 일찍 자야 할 때조차 아무리 애써도 잠이 오지 않습니다. 그런데 이상하게도 운전대를 잡으면 그렇게 졸릴 수가 없습니다. 그래서 장거리 운전을 할 때면 아내가 옆자리에 앉아 끊임없이 말을 걸거나 잠을 깰 수 있는 먹거리를 준비해 주었습니다. 한국에서는 주로 마른오징어를 씹었지만 미국에서는 그럴 수가 없어서 해바라기 씨로 잠을 쫓았습니다. 해바라기 씨를 입에 넣고 껍질을 깨물어 알맹이와 껍질을 분리한 후 껍질은 뱉고 알맹이는 먹는 식이었습니다.

첫 번째 대륙 횡단을 할 때, 그 끝없는 광야 길을 운전해 가던 도중 갑자기 주르륵 뭔가 쏟아지는 소리가 들렸습니다. 옆에서 해바라기 씨를 건네주던 아내가 들고 있던 봉지를 그만 거꾸로 쏟은 것입니다. 웬만해서는 졸지 않던 사람이 남편 뒷바라지하느라 얼마나 피곤했으면 저럴까 싶더군요. 깜짝 놀라 깬 아내는 허리를 구부려 해바라기 씨를 주워 담았습니다. 그 모습이 안쓰러워, 나는 안 졸리니 잠시 눈을 붙이라고 했습니다.

아이들은 워낙에 차만 타면 세상모르고 자는지라 아내까지 잠든 차 안은 정말 조용했습니다. 곧게 뻗어 끝이 보이지 않는, 옛날 서부영화에서 본 가시덤불이 도로 위를 굴러 건너는 길을 혼자서 운전하는데 '아, 혼자구나! 외롭다'라는 생각이 스쳐 갔습니다. 바로 그 순간, 차에 꽂아 둔 CD에서 노래가 잔잔히 흘러나왔습니다.

나 외롭지 않네
나 두렵지 않네
주님 맘에 늘 계시네
험한 골짜기라도 마른 사막이라도
나 부족함 없도다

노래와 함께 그림 한 점이 떠올랐습니다. 풍랑 속에서 배의 키를 잡고 땀을 뻘뻘 흘리고 있는 선장과, 그 뒤에서 선장의 손을 포개어 잡고 미소를 띠고 계시는 예수님 모습이 담긴 그림.

'이 불안하고 외로운 광야 길을 나 혼자 운전해서 가는 게 아니지. 주님이 미소를 지으며 나와 함께 운전대를 잡고 계시잖아.'

이런 생각이 들면서 저도 모르게 눈물이 흘러내렸습니다. <나 외롭지 않네>를 따라 부르면서 혼자 질질 울며 지나온 광야 길이 오늘도 어제 본 듯 눈에 선합니다.

지금 걷고 있는 인생길이 고단하고 힘들고 외로우십니까? 하지만 우리는 결코 혼자가 아닙니다. 혼자 울고 있는 그때에도 주님은 늘 함께 계십니다. 나와 함께 하시는 우리 주님을 날마다 느낄 때 결코 부족함이 없을 것입니다.

나 외롭지 않네

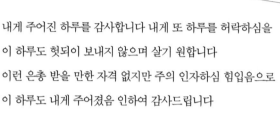

오늘 이 하루도

최용덕 작사·작곡

내게 주어진 하루를 감사합니다 내게 또 하루를 허락하심을
이 하루도 헛되이 보내지 않으며 살기 원합니다
이런 은총 받을 만한 자격 없지만 주의 인자하심 힘입음으로
이 하루도 내게 주어졌음 인하여 감사드립니다
이 하루도 정직하게 하소서 이 하루도 친절하게 하소서
내가 만나는 모든 사람들에게 자비를 베풀게 하소서
이 하루도 온유하게 하소서 이 하루도 겸손하게 하소서
나의 걸음을 지치게 만드는 이들에게 용서를 베풀게 하소서

내게 주어진 하루를 감사합니다 내게 또 하루를 허락하심을
즐거운 일이든 혹 슬픈 일이든 감사드립니다
비록 이 하루가 나를 울린다 해도 원망의 맘 품지 않을 이유는
나의 주님 이 모든 일을 주관하셔서 선을 이루심이라
이 하루도 평화롭게 하소서 이 하루도 강건하게 하소서
험한 폭풍이 몰아치는 중에도 평강을 누리게 하소서
이 하루도 성실하게 하소서 이 하루도 순종하게 하소서
나의 마음을 아프게 만드는 이들에게 은총을 베풀게 하소서
행복을 빌게 하소서 축복을 베풀게 하소서

✦

    <오늘 이 하루도>는 <낮엔 해처럼 밤엔 달처럼>, <나의 등 뒤에서>, <나의 힘이 되신 여호와여> 등 정말 은혜로운 곡을 많이 쓴 대구 찬미선교단 최용덕 간사님의 작품입니다. (최용덕 간사님은 현재 갈릴리마을 지기로 섬기고 있습니다.) 교회에서는 많이 불렀지만 정식으로 녹음된 적이 없었고, 집회를 인도할 때 성도들과 꼭 나누면 좋겠다 싶어서 최 간사님에게 연락을 했습니다. 그랬더니 "아이고, 너무 형편없는 곡이라 쓸 수 있을지 모르겠습니다" 하더군요.

    최용덕 간사님은 평신도 사역자이지만 어떤 목회자보다 영성이 깊고 실력도 있으며 겸손한 분입니다. 본인이 작곡했지만 권리를 주장하지 않고 하나님이 주신 것으로 여겨 곡 사용료도 받을 수 없다고 고집부리는 그런 분입니다.

    제가 목사안수를 받은 1987년 즈음에는 신학을 공부한 찬양사역자들은 찬양사역을 잠시 하다가 목회현장으로 돌아가는 일이 많았습니다. 저 역시 그럴 뻔했지만, 계속해서 목사이자 찬양사역자로 이 일을 감당하게 되면서 기왕 할 거면 찬양사역을 목회라고 여기며 하겠다는 의연한 다짐이 있었습니다. 그래서 방송국이나 자선을 위한 연합행사 외에는 한두 곡 찬양만 부르는 초청은

지양하고 대부분 1시간 이상 온전히 예배를 맡겨 주는 곳에서 사역을 해왔습니다.

집회 때마다 목회하는 마음으로 임하다 보니 간단한 멘트이지만 반드시 복음을 전하고 결단하는 시간을 가졌습니다. 집회를 했던 교회에서 다시 초청을 해오면 같은 노래, 같은 메시지를 전할 수 없어서 예수님이 요약해 주신 두 번째 계명, '사람과의 관계'에 대해 말씀드렸습니다. 시험에 들어 교회를 떠나고, 심지어 하나님을 향한 마음까지 접는 이유가 대체로 하나님 때문이 아니라 사람과의 관계에서 받은 상처가 곪아 터져 그렇더군요. 그래서 처음 가면 '복음'을, 두 번째 가면서부터는 '사람과의 관계'에 대해서 선포했습니다.

1998년, 의사가 저에게 죽을 수도 있다는 진단을 내린 원인은 과로와 스트레스 때문이었습니다. 거의 매일 집회나 방송, 강의 등으로 바쁘긴 했습니다만 사실 그런 일들은 오히려 저를 살아나게 하는 사역이었습니다. 방송이든 집회든 강의든, 현장에 서면 제가 먼저 은혜를 받습니다. 저는 현장에서 복음을 전할 때 가장 행복한 사람입니다.

지금에야 고백하지만, 그때 저를 힘들게 했던 것은 찬양사역자 단체인 '한국복음성가협회'와 '찬양사역자연합회'를 통합하는 일이었습니다. 두 단체는 연령대 및 음악 형태로 양분되어 서로 반목하고 있었습니다. 두 단체를 통합하려던 이유는, 곧 다가올 기독교 TV 시대와 저작권에 대한 준비, 찬양사역자들의 건강보험문제 해결(그 당시에 찬양사역자들은 건강보험에 가입하지 못했습니다), 해외 선교를 위한 비자 발급용 소속 증명서 발행, 새로운 찬양사역자들을 세우고 훈련하는 일 등을 위해서였습니다. 단체를 통합하여 법인화해야 이런저런 문제가 해결될 수 있어서 통합을 위해 갖은 노력을 했습니다.

그런데 회의만 시작하면 서로 다른 의견에 분위기가 험악해졌고, 몇 년간 노력해 겨우 마무리될 단계에 왔지만 어느 분의 완강한 주장에 결국 무산되었습니다. 저는 그 일로 스트레스를 받아 건강에 이상 징후가 발생했고, 여러 가지 검사 끝에 이 스트레스로부터 떨어져 쉬지 않으면 죽을 수도 있다는 진단을 받았습니다. 그 때문에 미국행을 결심했던 것입니다.

미국으로 요양을 가서 처음 1년간 지낸 필라델피아에서는 생활비가 해결되지 않아, 한 번도 직장을 다녀보지 않은 아내가 타국의 세탁소에서 하루 10시간씩 일을 했습니다. 하지만 네 식구가 생활하기에는 턱없이 부족했습니다.

그렇게 지내던 어느 날, 한국 극동방송 <우리 교회 좋은 교회> 프로그램에서 미국 투어를 진행한다고 함께

하자는 연락을 해왔습니다. 그래서 김민식 전도사님, 전용대 목사님, 최덕신 형제님, 개그맨 서원섭 집사님과 함께 뉴욕, 애틀랜타, 샌디에이고, 엘에이를 돌며 프로그램을 진행했습니다.

그런데 무리를 해서 감기가 들었는지 몸이 안 좋았습니다. 거의 2주 동안 코가 막히고 콧물이 줄줄 흘렀습니다. (감기약을 아무리 먹어도 낫지 않더니 콧물과 코 막힘의 원인이 알레르기였음을 나중에야 알게 되었습니다.) 모든 생활이 불편해진 것은 물론이요, 밤마다 잠을 잘 수가 없어 고통스러운 나날을 보냈습니다. 아이들은 학교에 가고 아내는 일하러 간 후 혼자 집에 남아 신세를 비관하여 엉엉 울며 시간을 보냈습니다.

그때 저를 버티게 해준 것 중 하나가 1998년 말에 발표한 7집 음반의 노래들이었습니다. 콘서트를 마치자마자 한국 생활을 정리하고 바로 출국했기 때문에 한국에서 부친 이삿짐도 아직 도착하지 않았을 때입니다. 그나마 가방에 넣어 온 7집 음반을 틀어 놓고, 텅 빈 집 안에서 얼마나 울었던지….

흐르는 콧물 때문에 앉아 있을 수도 없어서 누워 울고 있던 어느 날, <오늘 이 하루도> 찬양이 흘러나왔습니다.

나의 걸음을 지치게 만드는 이들에게

용서를 베풀게 하소서…

나의 마음을 아프게 만드는 이들에게

은총을 베풀게 하소서

행복을 빌게 하소서

축복을 베풀게 하소서

제가 부른 노래이지만 한마디 한마디가 가슴을 헤집고 들어왔습니다. 찬양을 들으며 가만히 생각하니 이렇게 힘든 이유가 환경이나 생활의 어려움 때문만은 아니었습니다. 가난과 어려움은 이미 몸에 배어 있었고, 이보다 힘든 상황을 수도 없이 겪었기에 이미 그것을 견디는 근육들은 탄탄했습니다.

그러면 무엇이 문제인가? 정작 제가 힘든 이유는 바로 '미움' 때문이었습니다. 나를 힘들게 했던 사람들에 대한 미움이 내 속에 가득 차 있었던 것입니다. 회의 시간마다 시비를 걸던 사람들의 이야기가 가슴에 남아 있었고, 저를 붙잡아 두고 생활 대책을 마련해 주지 않아 저희 가정을 힘들게 만든 사람들에 대한 미움이 가득 차 있었습니다.

몸이 아파서 미국행을 결정했지만, 가족을 데리고 먼 나라 미국까지 올 때는 이모저모 궁리하며 나름대로 계획을 했습니다. 무작정 일을 저지르지 않고 늘 신중한 사람인지라 안전한 환경을 조성하기 위해 노력했습니다. 미국에 오면 동역하자고 한 유명 교회 담임목사님의 제안은 생활 안정 정도가 아니라 넉넉함이었습니다. 처음 제안한 만큼은 아닐지라도 적어도 생활은 가능하게끔 해줄 거라 믿었는데, 막상 미국에 오고 보니 전혀 그렇지 않아 자존심이 매우 상했습니다.

이런저런 이유로 하루하루 힘겹게 지내던 그날, <오늘 이 하루도>를 들으며 울다가 문득 내 아픔의 원인을 깨달았고, 마태복음 18장의 일만 달란트 빚진 자에 대한 예수님의 비유와 집회 때마다 했던 두 번째 메시지인 '용서'가 떠올라 무릎 꿇고 회개했습니다.

가까이에서 나를 힘들게 했던 어떤 이, 협회 통합 과정에서 상처를 주었던 사람들, 그리고 지금 이 상황에서 서운하게 했던 이들을 용서하겠노라고 진심으로 고백하고 나니 평안이 찾아왔습니다. 용서와 함께 이 찬양의 첫 가사("내게 주어진 하루를 감사합니다")처럼 입술에서 감사가 터져 나왔습니다. 이날 이후로는 3일간 인도하는 찬양부흥회 둘째 날에는 이 간증과 함께 <오늘 이 하루도> 찬양을 꼭 부릅니다. 그러고 나면 항상 놀라운 회개와 회복의 역사가 나타납니다.

이민교회는 싸우고 깨지고 갈라진 역사로 점철되어 있습니다. 좁은 한인사회에서 사업 문제로, 직분 문제로, 이민과 정착 과정 속에서 생기는 기대와 실망 때문에 싸우고 갈라져 나가 다른 교회를 세우는 일이 다반사입니다. 그래서인지 제가 겪은 이 경험을 담은 간증과 메시지를 전할 때면, 깨어진 부모자식 관계가 회복되고, 형제 관계가 회복되고, 성도 간에 혹은 목회자와 성도 간에 어긋난 관계가 회복되는 일이 일어났습니다. 한집에 살고 같은 교회를 다니면서도 서로를 투명인간 취급하며 살던 부부가 관계를 회복하고 저에게 눈물의 고백을 하기도 했습니다.

사실 마태복음 18장의 내용을 가지고 <용서>라는 제목으로 작사한 후 함춘호 씨에게 작곡을 부탁해 6집 음반에 담은 곡이 있습니다. 음악적 완성도는 높으나 제 메시지의 분위기와는 사뭇 달라서 그 곡은 거의 부르지 못했습니다. 하지만 <오늘 이 하루도> 때문에 생긴 저만의 간증으로 집회 때마다 용서에 관한 메시지를 확실히 전할 수 있게 되었습니다.

우리 모두는 일만 달란트 빚진 자와 같습니다. 그런데 정말 무서운 말씀은 마태복음 18장 35절입니다.

너희가 각각 마음으로부터 형제를 용서하지 아니하면 나

의 하늘 아버지께서도 너희에게 이와 같이 하시리라.

우리는 용서하지 않으면서 우리 죄를 용서해 달라는 기도를 예배 때마다 혹은 수시로 하고 있습니다. 그런데 예수님은 우리가 용서하지 않으면 하나님도 우리를 용서하시지 않는다고 말씀하십니다.

깨어진 가정들이 세상뿐 아니라 교회 안에도 얼마나 많은지요. 각각의 사정과 이유가 있을 것입니다. 그러나 영원히 지옥에 가야 할 우리를 용서하고 구원하신 하나님의 사랑으로 용서하지 않으면, 깨어진 관계도 회복되지 않고 우리 또한 하나님께 용서받지 못하고 육과 영이 죽는다는 사실을 명심하면 좋겠습니다.

나의 마음을 아프게 만드는 이들에게
은총을 베풀게 하소서
행복을 빌게 하소서
축복을 베풀게 하소서

오늘 이 하루도

주님 손잡고 일어서세요

김석균 작사 · 작곡

왜 나만 겪는 고난이냐고 불평하지 마세요
고난의 뒤편에 있는 주님이 주실 축복 미리 보면서 감사하세요
너무 견디기 힘든 지금 이 순간에도 주님이 일하고 계시잖아요
남들은 지쳐 앉아 있을지라도 당신만은 일어서세요
힘을 내세요 힘을 내세요 주님이 손잡고 계시잖아요
주님이 나와 함께함을 믿는다면 어떤 역경도 이길 수 있잖아요

왜 이런 슬픔 찾아왔는지 원망하지 마세요
당신이 잃은 것보다 주님께 받은 은혜 더욱 많음에 감사하세요
너무 견디기 힘든 지금 이 순간에도 주님이 일하고 계시잖아요
남들은 지쳐 앉아 있을지라도 당신만은 일어서세요
힘을 내세요 힘을 내세요 주님이 손잡고 계시잖아요
주님이 나와 함께함을 믿는다면 어떤 고난도 견딜 수 있잖아요

✦

    <주님 손잡고 일어서세요>를 작사·작곡한 김석균 목사님의 곡은 다윗과요나단과 참 잘 어울립니다. 가사와 멜로디가 좋아서 누가 불러도 은혜롭지만, 특히 저희와 분위기가 딱 맞는다는 이야기를 많이 들었고 여전히 듣고 있습니다. 다윗과요나단의 정식 음반이 나오기 전 처음으로 스튜디오에서 녹음 작업한 것이 '김석균 작곡집' 3집이었습니다.

    1985년 극동방송 전국복음성가경연대회 예선 때 김 목사님의 명함을 받는데, 알고 보니 결혼식 축가로 많이 부르던 <사랑의 종소리> 작곡자였습니다. 대회를 마친 후 이런 세계가 처음이라 아직 얼떨떨할 때, 김 목사님이 본인의 작곡집을 만드는데 <누구를 위함인가>와 <주의 길을 가리라>, 이 두 곡을 불러 줄 수 있느냐고 문의해 왔습니다. 늘 자신감이 부족했던 저는 망설였지만 태식이가 자신 있게 하자고 해서 약속을 했습니다. 기억이 정확지는 않으나 경기도 벽제 어디쯤에 있던 지구레코드사 스튜디오에서 녹음을 했던 것 같습니다. 자신감도 바닥이고 너무 긴장해서 덜덜 떨면서 녹음을 해서 저는 그 음반을 잘 듣지 않았습니다.

    아무튼 그런 인연으로 김석균 목사님 곡 중에 다윗과요나단 1집에는 <누구를 위함인가>와 <고백>을 담았고, 2집에는 <쓴잔>을 전태식 솔로로 담았습니다.

그런데 어느 순간 불편한 일이 생겼습니다. 분명히 저희가 처음 불러서 시쳇말로 히트를 했는데 그 곡을 다른 사람들도 녹음해 음반으로 발표를 하는 것이었습니다. 상식적으로 <돌아와요 부산항에>는 조용필 노래이고 <동백 아가씨>는 이미자의 노래이듯, 저희가 발표한 노래는 당연히 다윗과요나단 노래여야 하는 것 아닌가요? 그런데 열심히 불러서 알려지면 곧 여러 사람이 그 곡을 타이틀로 해서 음반을 내니 마음이 참 불편했습니다. 그렇다고 가서 따지지도 못하고 혼자 꽁하고 있었지요.

3집을 만들 때는 김영석 형제가 선곡까지 다 했고, 4집부터는 제작비를 아끼기 위해 자작곡들을 발표하느라 6집까지는 김석균 목사님의 곡을 넣지 않았습니다. 그러다가 극동방송 본사에서 두 찬양사역자 단체를 통합하는 회의를 하던 어느 날, 김석균 목사님과 화장실 앞에서 딱 마주쳤습니다. 그리고 그분의 특유의 직설화법이 제 귀에 꽂혔습니다.

"야, 국명아. 너네는 요즘 왜 내 노래 안 부르냐?"

제가 목사님에게 지어 드린 별명인 '돌직구'다운 질문에 잠시 당황했지만 차분히 설명을 드렸습니다.

"형님 곡은 저희가 불러 알려지면 곧바로 다른 사람들이 음반으로 발표를 하더라고요. 저희 형편에 이 곡은 저희만 부르게 해달라고 할 만큼 사용료를 드릴 수도 없고, 또 드린다고 해도 형님이 우리 사이에 무슨 곡 사용료냐며 안 받으시니, 이러지도 저러지도 못했습니다."

"야, 다른 사람들 음반에는 내가 사용하라고 준 거 아니야. 허락도 없이 마음대로 녹음하고 나서 이렇게 했다고 나중에 얘기하는데, 야박하게 빼라고 할 수도 없고 그랬던 거야."

"그래요? 형님이 허락해서 다른 사람들도 녹음한 줄 알았지요. 그런 사정이 있는 것도 모르고 형님을 오해했습니다. 죄송합니다."

그때 김석균 목사님이 한마디했습니다.

"국명아, IMF 때문에 내가 너무 힘들고, 심지어 자살하는 사람들도 생겨서 이번에 위로하는 곡을 하나 썼다. 이건 다윗과요나단만 부르게 할게."

그러면서 준 곡이 바로 <주님 손잡고 일어서세요>입니다. 거기다가 덤으로 <해같이 빛나리>까지 주었습니다.

그 곡을 받고 나서 얼마 후, 앞에서 말씀드렸듯이 두 찬양사역자 단체의 통합을 위한 회의 때문에 받은 스트레스로 건강에 이상 징후들이 나타났습니다. 늘 피곤하고 미열에 몸살 기운까지 있어 매일 저녁마다 이어지는 집회가 여간 부담스럽지 않았습니다.

어느 날은 병원에서 주사를 맞고 약을 먹어도 몸이 너무 아파서 오늘 집회는 취소되기를 기도했습니다. 하지만 집회는 열렸고, 약속이니 달려갈 수밖에 없었습니다. 예천 집회에서는 시작 후 두 곡만 부르고 나서 양해를 구한 뒤 중간에 포기하고 돌아오기도 했습니다.

행사를 주관했던 분이 본인 교회의 유명한 한의사 장로님에게 부탁을 해서 한약을 지어 보내 주었고, 이 일이 계기가 되어 여기저기서 힘내라며 한약을 보내 왔습니다. 제가 매일 한약을 먹으니 제 소속 교회 담임목사님이 "한약 많이 먹다가 간경화로 돌아가신 분도 봤다"면서 그만 먹으라고 할 정도였습니다.

그러다 어느 날은 귀가 들리지 않았습니다. 푹 자면 낫는다고들 해서 그렇게 해봤지만 차도가 없어서 이비인후과에 갔습니다. 청각 신경이 마비되기 시작했다고 했습니다. 치료 방법은 없고, 저와 비슷한 증상의 젊은 청년이 결국 청각장애인이 되었으니 조심하라고만 했습니다. 1992년 성대결절로 평생 노래할 수 없다는 의사의 진단만큼이나 충격적인 사건이었습니다. 귀가 안 들리면 노래를 할 수 없기 때문입니다. 또다시 깊은 절망에 빠졌습니다.

제가 이 간증을 했더니 어떤 분이 "걱정하지 마세요. 베토벤도 귀가 먹었는데 위대한 음악가가 되었잖아요” 하더군요. '베토벤은 작곡가잖아요. 음악은 수학처럼 공식이 있으니 작곡이야 악보에 적어 내려갈 수 있겠지만, 가수는 자신의 목소리도 안 들리고 악기 소리도 안 들리는데 어떻게 노래를 합니까?' 하고 속으로 볼멘소리를 했습니다.

게다가 제가 섬기던 교회에 다니던 수원의료원 내과과장님이 계속해서 제 증상들을 지켜보며 치료를 해왔는데, 여러 검사를 하더니 폐에 문제가 있는 듯하다고 했습니다. 그러고는 정확한 진단을 위해 삼성의료원에 가서 기관지 내시경을 해보라면서 소견서를 써주었습니다. 삼성의료원에 갔더니 검사를 위해 전신마취를 해야 한다며 '생명을 잃는 일이 생겨도 병원의 책임이 아니다'라는 내용의 문서에 사인을 하라고 했습니다. 아직 어린 두 아이와 이내의 얼굴이 떠올랐지만 검사를 하려면 달리 방도가 없어 사인을 했습니다.

다 지난 일이니 농담처럼 이야기하는데, 사실 혈관 주사를 맞다가 죽을 뻔했습니다. 간호사가 초년생이라 여섯 번이나 바늘을 찌르고도 계속 실패를 했습니다. 본인도 미안했던지 다른 간호사를 불러 오겠다기에 그냥 계속하라고 해서 일곱 번째에 성공을 했습니다. 천만다행히 검사 결과 아무 이상이 없었습니다. 저는 여전히 힘들고 아픈데 말입니다.

계속되는 이상 징후에 의사는 만성피로증후군 같다고 진단했습니다. 요즈음은 업무상 피로 누적으로 사망하면 과로사 인정도 받고 산업재해 혜택도 있지만, 그때만 해도 일반인들에게는 생소한 병명이었습니다. 무슨 치료 방법이 있었던 것도 아니고, 그야말로 과로와 스트레스가 원인이니 그 원인에서 떨어져 쉬면 감기처럼 지나갈 수 있지만 계속 무리를 하면 죽을 수도 있다는 조언뿐이었습니다.

저는 교회 사역자로 섬기던 몇 년을 제외하고는 지금까지 월급을 받아 본 적 없는 이른바 프리랜서입니다. 교회 집회에서 받는 일정하지 않은 사례비로 굶지 않고 지금까지 지내 왔을 뿐 쉬어도 될 만큼 넉넉한 적이 단 한 번도 없습니다. 주변머리가 없어서 "저 좀 후원해 주세요"라고 얘기해 본 적도 없습니다. (2020년 코로나19가 터지고 유튜브 사역을 시작하면서부터는 저도 살아야 하고 후배 사역자들도 살아야 해서 후원을 요청하고 있습니다.) 그러니 제가 쉬면 가족의 생계가 막막한, 대책 없는 사역자이지요.

사역을 지속하면 과로로 죽게 되고 사역을 안 하면 가족이 굶는, 그야말로 진퇴양난의 상황에서 <주님 손 잡고 일어서세요>를 부르며 얼마나 울었던지…. 그때 제 심정을 그대로 담아 고백한 노래가 7집 음반에 수록된 <주님이 원하시면>입니다.

주님이 원하시면 그리하겠어요
주님께 드린 내 생명 주님 것이기 때문이죠
주님이 원하시면 그리하겠어요
주님께 드린 내 노래 주님 것이기 때문이죠…

주님이 원하시면 내 소망 내려놓고
주님이 이끄시는 길로 따라가겠어요
내가 품은 모든 소망 사라진다 해도
주님이 날 위해 예비한 아픔의 새로운 길이
내 삶에 최선임을 믿으니…

그렇게 모든 것을 주님께 맡기고 7집 음반에 <주님 손잡고 일어서세요>를 발표한 후 두 달간의 전국 투어 콘서트를 간신히 마친 다음, 미국에 와서 1년만 쉬었다 가라는 한 선배 목사님의 말씀에 의지해 요양을 떠났습니다.

그때 의사는 "죽을 수도 있다", "평생 노래를 못 할 거다"라고 했지만, 저는 지금 살아서 여전히 노래하며 하나님을 찬양하고 복음을 전하는 사명을 감당하고 있습니다. 죽음과 고난을 바라봤을 때는 목사인 저 역시 견디기 힘들었습니다. 하지만 주님이 원하시면 청각장애도, 심지어 죽음도 받아들이겠다고 고백하며 주님을 바라봤더니 이렇게 살게 하셨습니다.

계획한 1년 동안의 미국 생활이 지났지만, 선뜻 한국으로 갈 수가 없었습니다. 표면적으로는 미국에 적응하기 시작한 아이들 때문에 들어갈 수 없다고 했지만, 그 1년 동안 제가 전혀 몰랐던 이민교회의 아픔을 경험했기 때문이었습니다. 교회의 상처를 가슴에 품게 하신 하나님의 뜻을 깨달으면서 3일간의 찬양부흥회 형식의 집회를 기획하게 되었고, 이때 방문한 교회가 찬양으로 회복되는 놀라운 일들을 경험했습니다.

미국 생활 5년 만에 CTS TV에서 콘서트 제안을 받고 잠시 한국을 방문해 김석균 목사님에게 전화를 드렸더니 "힘을 내세요, 힘을 내세요" 하는 컬러링이 들렸습니다. 그런데 다윗과요나단의 목소리가 아닌 김석균 목사님의 목소리였습니다. 분명히 그 곡은 다윗과요나단만 부르게 하겠다고 약속했는데 말입니다.

그뿐만 아니라 미국에 들어온 지 얼마 되지 않았을 때, CTS TV '워십 코리아'라는 프로그램에서 만난 최미사모님이 그 곡을 불러 '김석균 작곡집'에 넣었다고 했습니다. 또 여러 사역자가 이미 자신들의 음반에 <주님 손 잡고 일어서세요>를 넣은 것을 알게 되면서 내심 서운한 마음이 들었습니다. 그래서 김석균 목사님에게 "형님, 왜 남의 노래를 부르십니까?" 하고 슬쩍 농담을 했더니 "무슨 소리냐?"고 하셔서 웃어넘기기도 했습니다.

한참 시간이 지나 장욱조, 노문환, 김석균, 최미, 손영진, 좋은씨앗, 김명식 등의 사역자들과 '가스펠 코리아'라는 프로그램을 진행하기 위해 3주간 미국 투어를 하면서 김 목사님에게 자초지종을 말씀드렸더니 정말 미안하다며 사과를 했습니다. 저와 나눈 얘기를 그간 잊고 있었다면서요.

김석균 목사님이 본인의 곡을 작곡집에 발표를 하고, 그 작곡집에 함께 참여해서 <주님 손잡고 일어서세요>를 부른 사역자들이 자신의 음반에 이 곡을 담는 것에 대해 저도 충분히 이해합니다. 다만 저는 처음 그 약속을 믿고, 또 제게 특별한 간증이 있는 곡이라서 제가 오리지널이라고 간증을 하고 다녔는데, "김석균 작사·작곡인데 왜 당신이 오리지널이라고 얘기하냐"며 항의하는 분들이 가끔 있더군요. 그래서 요즘은 김석균 목사님은 '작곡자'이고 다윗과요나단은 그 곡을 처음 부른 '원곡자'라고 설명합니다. 그리고 김석균 목사님과 함께하는 집회 때는 서로 오리지널이라고 주장하며 다투는 모습을 연출해 청중의 웃음을 자아내기도 합니다.

혹시 이 글을 읽으며 가슴을 쓸어내린 분이 있다면 걱정하지 마십시오. 저와 김석균 목사님은 형님아우로 아주 사이좋게 지내고 있으니 말입니다.

"형님, 좋은 곡 주셔서 감사드립니다. 아무튼 제가 오리지널인 것 아시죠?"

주님 손잡고 일어서세요

너 야곱아

권희석 작사 · 작곡

너 야곱아 너는 두려워 말라 내가 너와 함께함이니
너 야곱아 너는 놀라지 말라 내가 너의 하나님이 됨이라
내가 너희를 구속하였고 내가 너희를 지명하여 불렀나니
너는 내 것이라 너는 내 것이라 너는 내 것이라

너 야곱아 너는 이제 일어나 일어나서 빛을 발하라
이는 내 빛이 온 땅에 이르렀고 주님의 영광이 너에게 임하심이라
내가 너희를 구속하였고 내가 너희를 지명하여 불렀나니
너는 내 것이라 너는 내 것이라 너는 내 것이라

(후렴)
네가 물속에 빠져 헤맬지라도 물이 너를 삼키지 못하리라
네가 불속에 싸여 쓰러질지라도 불이 너를 태우지 못하리라

✦

　〈너 야곱아〉는 〈친구의 고백〉, 〈요한의 아들 시몬아〉를 쓴 권희석 목사님의 곡입니다. 제가 새로운 음반을 계획하면 어김없이 곡을 의뢰하던 몇 분이 있는데, 권목사님이 그중 일순위입니다. 하지만 이제는 천국에 계시니 아쉬운 맘 그지없습니다.

　다윗과요나단 7집을 위해서는 권 목사님이 로마서 8장을 토대로 한 〈그런즉〉과 이사야 43장 내용을 담은 〈너 야곱아〉를 주었습니다. 저희가 이 곡을 부르자마자 어느 분이 다윗과요나단 1집 느낌이 난다고 하더군요.

　한 시간 남짓 주어지는 집회 때는 찬양과 함께 간단한 간증 및 메시지를 나누기 때문에 많이 불러야 일곱에서 여덟 곡이 전부입니다. 콘서트, 리메이크, 기념 음반까지 합쳐 18장의 음반을 통해 저희가 발표한 곡이 140곡 정도 되지만, 매번 새로운 장소, 새로운 성도들을 만나다 보니 대표곡들을 부를 수밖에 없습니다. 그래서 나머지 곡들은 음반에 싣고도 거의 부를 기회가 없습니다.

　집회의 마지막 곡으로 〈주만 바라볼찌라〉를 주로 부르는데, 부르고 나면 항상 앵콜을 외치십니다. 그래서 "혹시 오늘 이 찬양 못 들으면 집에 못 가실 것 같은 분 계시면 그 곡을 불러 드리겠습니다" 하면, 때로 참 곤란한 일이 생기기도 합니다. 다른 찬양사역자가 부른 곡을 저희 곡이라고 우기는 분도 있고, 저 혼자 방문했는데 제가 감당하기 어려운 전태식 목사의 파워풀한 솔로곡을 불러 달라는 분도 있습니다.

7집 음반을 출시한 후 미국으로 건너간 다음 처음 3개월은 집회를 인도하지 않았습니다. 몸을 조금 추스른 다음부터는 예배찬양 인도자로 교회에서 사역하면서 한 달에 한 번만 외부 집회를 갔습니다. <너 야곱아>는 7집을 내놓고 집회가 별로 없어서 전혀 불러 보지 못하다가, 이 곡을 꼭 불러 달라는 집회가 있어서 특별히 연습을 해서 갔습니다. 바로 '재소자 가족들을 위한 위로 집회'였습니다.

그간 장애인을 위한 후원 집회는 참 많이 섬겼습니다. 특히 미국에 있는 동안, 한 달에 한 번이라도 장애아들의 부모를 쉬게 해주자는 취지로 자원봉사자를 모집하는 '희망의 날개' 캠페인 집회는 그 뜻이 좋아서 자주 섬겼습니다. 장애아동의 부모들은 늘 죄인 된 심정으로 자녀를 바라보며 눈물을 흘리고 자책하며 힘겹게 살아갑니다. 미국 의사 한 분이 "그 아이는 자신이 그렇게 태어났기 때문에 본인을 받아들이고 잘 살아갑니다. 하지만 부모들은 아이가 장애를 입고 태어난 것이 부모 탓이라고 생각하며 삽니다. 아이를 위해서라도 그렇게 죄인처럼 살지 마십시오"라는 말을 했습니다. '희망의 날개'

는 이런 마음을 사람들에게 알리고, 장애아 부모도 부부가 같이 영화도 보러 가고, 쇼핑도 하고, 외식도 할 수 있도록 아이와 하루 놀아 주는 자원봉사자를 모집하는 취지의 캠페인입니다.

이에 비해 교도소 집회를 섬길 기회는 그리 많지 않았습니다. 특히 '재소자 가족들을 위한 위로 집회'는 그날이 처음이었습니다. 죄를 지은 자식을 감옥에 두고 주변의 시선 때문에 갇혀 살아가는 가족들을 위로하는 집회이니 참 귀하다 싶어서 위로의 곡들을 몇 곡 준비해 갔습니다. (집회 초청 시 별다른 요구가 없으면 대표곡 몇 곡과 호세아 6장을 통한 회복의 메시지를 준비해서 갑니다.)

그리고 그날, 제 순서에 앞서 진행한 어느 권사님의 간증을 듣고 <너 야곱아>를 부르는데, 노래를 할 수 없을 정도로 눈물이 났습니다.

초창기 이민자들은 좀 더 나은 삶, 활짝 펼쳐질 자식들의 장래를 꿈꾸며 낯선 땅에 왔습니다. 말도 편하지 않고 문화도 달라서 불편하기 짝이 없는 이민 생활은 두렵기만 합니다. 우여곡절을 매일 겪으며 부부가 투잡, 쓰리잡을 뛰고 죽으라 고생을 해가며 생활을 안정시킵니다. 감사하게도 이런 열악한 환경에서도 이민자 자녀들이 잘 자라 성실하게 살아가고, 우리 민족의 우수성을 알리며 아이비리그 학교를 전액 장학금으로 다니는 아이들도 많습니다.

하지만 그렇지 않은 자녀들도 있습니다. 부부가 생활 전선에 뛰어들어 열심히 일하는 동안 방치된 아이들은 부모의 신앙과 기도에도 불구하고 따돌림과 인종차별이라는 엄청난 상처를 품고 학교생활을 합니다. 외로움을 힘겹게 견디다가 자신에게 조금이라도 호의를 보이고 손을 내미는 친구가 있으면 그가 어떤 아이인지 크게 상관하지 않고 손을 잡습니다.

간증한 권사님의 아들 이름은 브라이언이었습니다. 참 여리고 착한 아이였습니다. 이민자의 아들로 외로움 속에서 학교생활을 하던 중 브라이언에게 다가와 손을 내민 친구들이 있었습니다. 갱Gang이라고 불리는, 이른바 문제아들이었습니다. (미국은 대부분 주거지역과 상업지역이 분리되어 있고, 성인이 되어 스스로 면허를 따서 차를 몰고 다니기 전에는 부모가 아이를 태워 데려다주고 데려오는 문화라서 생각보다 안전합니다. 영화에서 접하는 마약이 난무하고 총소리가 들리는 곳은 흑인 거주 지역이나 일부 히스패닉 동네의 모습일 뿐, 대부분의 미국 동네는 이웃 간에 정이 넘치는 평안한 모습입니다.)

브라이언은 하필 문제아들과 어울려 다니게 되었습니다. 어느 날 친구들과 상업지역에 갔다가 갱들과 시비가 붙었습니다. 상대적으로 밀리던 친구들이 도망쳐 집에서 총을 가져왔고, 덜덜 떨고 있던 브라이언에게 총을 건네며 쏘라고 시켰습니다. 너무 놀란 브라이언은 얼떨결에 총을 쐈고, 그 총을 맞고 사람이 죽었습니다. 극도의 공포를 느끼던 브라이언은 경찰의 유도심문에 모든 죄를 뒤집어쓰고 몇 년간의 재판 끝에 50년 형을 언도받았습니다. 그가 70세가 되어야 세상에 나올 수 있는 수감생활이 시작되었습니다.

아들의 장래를 위해 잠도 못 자고 밤낮으로 일하며 하나님을 섬기던 부모에게는 하늘이 무너지는 사건이었습니다. 하나님을 향해 원망도 하며 하루하루를 눈물로 살았습니다. 그러다가 마음을 추스른 엄마가 매일 아들을 면회하며 "너 야곱아"를 "너 브라이언아"로 바꾸어 이사야 말씀으로 축복하고 기도했습니다. 그랬더니 놀랍게도 브라이언이 변하기 시작해 교도소 안에서 하나님을 만나 예배자가 되었으며, 성실하게 수감생활을 감당해 재소자들과 교도관들에게 인정을 받았습니다. 교도관들이 브라이언에게 소원을 물으니 공부를 하고 싶다고 했습니다. 교도관들의 도움으로 열심히 공부해 검정고시로 대학 졸업 자격까지 취득하게 되었습니다.

제가 방문한 그날, 권사님이 예쁜 액자에 아들의 자격증과 학사모를 쓴 사진을 넣어 가지고 오셨더군요.

"목사님, 이게 다 <너 야곱아>라는 찬양 때문에 생긴 일입니다" 하며 제 손을 잡는데, 목이 메어 노래하기가 힘들었습니다.

얼마 전 지인에게서 그 권사님이 천국으로 가셨다는 얘기를 듣고 한참 울었습니다. 지금 이 글을 쓰고 있는 동안에도 그날 들은 간증이 어제 일처럼 떠올라 눈물을 닦고 있습니다.

저는 그저 노래했을 뿐인데, 하나님은 저의 노래로 놀라운 일들을 행하셨습니다. 다윗과요나단의 찬양을 통해 하나님이 이루신 일들은 한두 권의 책으로는 다 적을 수 없을 정도입니다. 사역을 하다 보면 몸과 마음이 지치고 억울한 일을 당해 좌절할 때도 있지만, 때때로 전해 듣는 이런 간증들이 저를 다시 일으켜 세웁니다.

하나님은 우리가 물속에 빠져도, 불속에 싸여도 함께하시며, 항상 기적을 준비하고 계십니다. 내가 하나님의 손을 잡으면 기적은 내 것이 되지만, 한탄만 하고 있으면 기적은 나와 상관없는 일이 됩니다. 오늘도 하나님의 기적을 맛보는 하루가 되길 손 모아 기도합니다. 자녀들 때문에 속상하신가요? 자녀가 이렇게 버텨 주는 것만으로도 감사할 뿐입니다.

네가 물속에 빠져 헤맬지라도

물이 너를 삼키지 못하리라

네가 불 속에 싸여 쓰러질지라도

불이 너를 태우지 못하리라

너 아금아

○

나 이제 말없이

주님을 위하여

눈을 들어 하늘을 쳐다보세요

김석균 작사·작곡

사방이 가로막혀 절망하나요

눈을 들어 하늘을 쳐다보세요

당신을 사랑하는 하나님께서 해결해 주실 거예요

지금 당신이 먼저 해야 할 일은

하나님이 하신 일을 인정하면서

모든 것이 합력하여 선을 이룰 줄 믿고 따라가는 일이죠

아무것도 염려하지 말고 오직 모든 일에 기도와 간구로

너희 구할 것을 감사함으로 하나님께 아뢰라

당신이 이 말씀을 믿는다면 모든 것 하나님께 맡기세요

눈을 들어 하늘을 쳐다보세요

그리고 기도하세요

끝없는 고난으로 울고 있나요

눈을 들어 주님을 바라보세요

당신을 창조하신 하나님께서 해결해 주실 거예요

지금 당신이 먼저 해야 할 일은

하나님이 하실 일을 신뢰하면서

모든 것이 합력하여 선을 이룰 줄 믿고 순종하는 일이죠

아무것도 염려하지 말고 오직 모든 일에 기도와 간구로

너희 구할 것을 감사함으로 하나님께 아뢰라

하나님의 이 약속을 믿는다면 모든 것 주님께 맡기세요

눈을 들어 주님을 바라보세요

그리고 찬양하세요

눈을 들어 주님을 바라보세요

그리고 감사하세요

✦

미국에 가기 전 7집 음반을 발표하고, 심장병어린이재단과 함께 두 달 동안 전국을 돌며 투병 중인 어린이들을 살리기 위한 콘서트를 진행한 다음 한국 생활을 정리했습니다.

다윗과요나단 초창기에는 1년에 한 장씩 새로운 음반을 출시하다가 4집부터는 2년에 한 장씩 제작했고, 제가 미국으로 간 뒤로는 새 음반을 출시할 수 없었습니다. 그동안 음악적인 부분은 전태식 목사가 담당했고, 음반 제작과 콘서트 관련 계획 및 진행 등 행정적인 일은 제가 늘 담당해 왔기 때문입니다. 제가 미국으로 가면서 전태식 목사가 한국으로 들어왔지만, 방송이나 언론 노출을 그다지 좋아하지 않는 그의 성격상 제가 섬기다 간 심장병어린이재단 위주로 사역을 했습니다. 새 음반도 안 나오고 사역도 뜸해지면서 다윗과요나단의 이름이 사람들의 기억 속에서 희미해지기 시작했습니다.

그러던 중 평화나라의 강원명 목사님(당시는 전도사님이었습니다)이 8집 작업을 진행해 주었습니다. 강 목사님은 제가 미국에 가기 직전에 섬겼던 수원원천교회에서 문화사역을 할 수 있도록 열심히 도와준 분입니다. 강 목사님이 한국에서 만든 음악을 들고 미국으로 건너와 저희 집에 홈스튜디오를 설치해 제 노래를 녹음한 다음, 다시 한국으로 가서 전태식 목사의 노래를 녹음해 완성하는 방식으로 7집 이후 5년 만에 8집 앨범을 출시했습니다.

제가 미국에서 알게 된 김성수 목사님이 두 곡을 선물해 주었고, 나머지 10곡은 전태식과 강원명이 선곡했습니다. 당시 김석균 선배님이 "<주님 손잡고 일어서세요> 2탄이야"라며 주신 곡이 지금 소개하는 <눈을 들어 하늘을 쳐다보세요>입니다.

몇 해 전, 다윗과요나단에게 <깨끗이 씻겨야 하리>를 비롯해 음반마다 귀한 곡을 전해 준 동역자 이정림 사모님이 주관하는 '미자립교회 목회자를 위한 수련회'를 도울 기회가 있었습니다. 한 시간 반 동안 찬양과 간증으로 은혜를 나누었는데, 마무리하는 분위기에서 어느 목사님 한 분이 너무 간절하게 <눈을 들어 하늘을 쳐다보세요>를 불러 달라고 요청했습니다.

"목사로서 부끄럽지만, 개척교회가 정말 힘들어서 스스로 목숨을 내려놓으려 할 정도였습니다. 그때 <눈을 들어 하늘을 쳐다보세요>를 듣게 되었고, 이 찬양 때문에 그 고난의 길을 견딜 수 있었습니다."

누구에게나 고난이 있듯이 저에게도 견디기 어려운 고난이 참 많았습니다. 어린 시절부터 지독한 가난은 늘 따라다녔고, 신학 공부를 할 때는 머물 곳이 없어서 교회

창고에서 지냈습니다. 평생 노래를 못 하게 될 거라는 의사의 진단과 죽음 앞에도 서보았습니다. 추수감사절이 있는 11월부터 이듬해 2월까지 미국의 문화·정서로 인해 집회 사역이 없어서 블랙프라이데이와 크리스마스 쇼핑 시즌에 이른바 보릿고개를 경험하기도 했습니다.

이토록 어려운 중에 돈도 없이 캘리포니아 어바인에 수영장까지 달린 저택을 구입하게 되었습니다. 하나님의 은혜로 사게 되었다고 여기저기 간증하고 싶은 마음이 굴뚝같았지만, 혹시 시험에 드는 분이 있을까 봐 꾹 참았습니다. 그런데 말입니다! 알고 보니 그게 2007년 전 세계 경제를 뒤흔든 미국발 금융 위기의 대표적인 사기 수법이었습니다. 이로써 저는 집도 잃고 신용불량자가 되었습니다.

당시에 아들과 딸은 대학생이었고, 미국 정서로는 자녀가 대학에 들어가면 부모에게서 독립하는 분위기라서 자녀들을 위한 월세 아파트를 겨우 얻어 주고, 저희 부부는 빈털터리로 2010년 한국으로 돌아와 작은 오피스텔에서 지내며 사역을 시작했습니다.

드디어 한국에서 다윗과요나단 두 멤버가 함께 사역할 수 있어서 참으로 기뻤지만, 그것도 잠시! 미국으로 가기 전에는 매일 열리던 찬양집회가 모두 사라졌고, 찬양으로 섬길 수 있는 시간은 주일 오후 예배 한 번뿐이었습니다. 두 사람이 함께 한 달에 네 번 집회를 다녀와서는 둘 다 생활고에 시달려야 하는 상황이었습니다. 그래서 어쩔 수 없이 전 목사님과 제가 따로 사역할 수밖에 없었습니다.

집회 사역을 하면서 받는 사례로 저희 부부야 어떻게든 살겠지만, 공부하고 있는 아이들에게 생활비를 보낼 수가 없었습니다. 고심 끝에 한 달은 한국에서 집회를 해서 생활비를 마련하고, 한 달은 미국에 들어가서 집회를 해서 아이들 뒷바라지하기를 꼬박 2년 동안 했습니다.

미국에서 집회를 위해 5-6시간씩 비행기를 타고 이동하는 것도 고단했지만, 한 달에 한 번 12시간 넘게 한국과 미국을 오가는 장거리 비행은 육체적으로 매우 힘이 들었습니다. 또 한국에 있는 줄 알고 전화를 했는데 해외에 머물고 있다는 메시지만 나오니 집회를 요청하는 분들도 곤란해했습니다.

이런 생활이 이어지면서 나그네인 양 한국에 제대로 정착이 되지 않았고, 재정 형편도 나아질 기미가 없었습니다. 아내와 저는 생활비가 부족하면 외출하지 않고 라면과 즉석밥으로 버틸 수 있었으나, 아이들의 월세와 차량 할부, 기름값, 생활비를 감당하기에는 턱없이 부족했습니다.

하나님을 노래하는 찬양사역자이지만 두 아이의 아

빠로서 가장의 의무도 있었습니다. 이렇게 열심히 돌아다니며 사역을 해도 아이들의 생활비가 채워지지 않아 혼자 울면서 <눈을 들어 하늘을 쳐다보세요>를 얼마나 많이 불렀던지요. 그런데 그렇게 울면서 미국과 한국을 오가던 2년 동안, 하나님은 기적과도 같은 일들을 때때로 경험케 하셨습니다.

한번은 애리조나주 피닉스에서 집회를 한 다음, 금요일에 멕시코 국경과 가까운 시에라비스타에서 은혜를 나누고, 투산영락교회에서 토요일 집회가 있어서 목사님의 차를 얻어 타고 이동하고 있었습니다. 그런데 지난밤 몇 시간을 달려와서 시에라비스타 집회에 참석한 권사님 한 분이 저에게 헌금을 하고 싶다면서 당신 집으로 오라고 연락을 했습니다. 하지만 권사님이 있는 피닉스에 들렀다가 투산으로 가면 늦을 수도 있어서 마음만 받기로 하고 투산 집회로 향했습니다.

집회를 마치고 아이들 집에 도착했지만 해결되지 않은 생활비 문제로 마음이 무거웠습니다. 그리고 며칠 뒤 한국으로 떠날 준비를 하는데, 서류 봉투로 된 우편물 하나가 도착했습니다. 뭐지 하면서 열었더니, 편지와 함께 체크 열두 장이 각각 다른 편지 봉투에 들어 있는 게 아닙니까. 미국의 이민 1세들은 아직도 온라인이나 인터넷뱅킹 대신 '체크'라는 개인 수표로 헌금도 하고 음반도 사곤 합니다. 그날 뵙지 못했던 권사님이 아이들 집 주소를 물어서 가르쳐 드렸더니, 섬기던 교회에 문제가 생겨 그동안 드리지 못한 열두 달치 십일조를 저에게 보낸 것입니다.

그 편지를 읽으며 얼마나 울었던지. 권사님이 준 귀한 헌금으로 그동안 밀린 월세도 내고, 차도 수리하고, 아이들 수업에 필요한 것들도 사주고, 불편했지만 참으며 버티고 있던 몇몇 문제도 해결할 수 있었습니다.

그렇게 한국과 미국을 오가던 2년이 너무 힘들어서 2013년 다시 미국으로 들어가 아이들이 거주하는 아파트 거실에서 지냈습니다. 미국 생활이 편하고 한국말보다 영어를 자유롭게 쓰는 아이들에게 한국에서 2년만 함께 지내 주면 아빠의 사역이 안정될 것 같다고 부탁했더니 고민 끝에 두 자녀가 순종해 주어 2014년 온 가족이 한국으로 돌아오게 되었습니다.

사방이 가로막혀 절망적인 순간이 얼마나 많은지요! 그 위기 때마다 눈을 들어 주님을 바라볼 수밖에 없습니다. 오늘 경제적으로 육체적으로 힘들어서 절망하고 계신가요? 눈을 들어 하늘을 쳐다보시기를 소망합니다.

눈을 들어 하늘을 쳐다보세요

하나님이 나를

이명호 작사 · 김석균 작곡

하나님이 나를 사랑하심을
늘 깨닫게 하소서
하나님이 나를 생각하심을
늘 기억하게 하소서
하나님이 나를 지키심을
늘 감사하게 하소서
하나님이 나와 함께하심을
늘 느끼게 하소서

✦

    <하나님이 나를>은 매우 단순한 가사와 멜로디로 구성되어 있지만 깊이가 있는 곡입니다. 저는 이 찬양을 할 때마다 "오늘, 여기, 이 자리에 앉아 있을 수 있는 것은 하나님의 은혜"라는 고백을 늘 합니다.

    교회에 아무리 오래 다니고 직분이 있어도 아침에 일어나 경건의 시간을 갖기란 여간 힘든 일이 아닙니다. 늘 지치고 피곤한 채 잠들었다가 몇 시간 못 자고 일어나 복잡한 출근길을 뚫고 일터로 가고, 출근하지 않더라도 아이들 거둬 먹이고 집안일 좀 하다 보면 오전이 금세 지나갑니다.

    교회에서는 잔소리처럼 가정예배를 하라고 권유하지만, 퇴근이 늦거나 약속이라도 있어서 귀가가 늦어지면 아이들도 자고 있고 본인도 피곤해서 이것도 쉽지 않습니다. 미국 사회는 저녁 시간을 가족과 함께하는 분위기가 정착되어 있습니다만, 우리나라는 가족과 함께하라고 일찍 퇴근시켜 주는 '패밀리데이'인 수요일마저 술집이 불야성을 이루는 모습을 제가 사는 동네에서 종종 봅니다. (코로나19 여파로 어쩔 수 없이 일찍 귀가하는 모습은 불행 중 다행입니다.)

    그러니 교회를 다니고 기도를 해도, 하나님이 나를 사랑하시고 생각하시고 지키시고 함께하심을 느끼면서 감사하는 생활이란 설교시간에나 듣는 이야기처럼 여기기도 합니다. 그러다가 인생의 큰일들을 겪고 나면 이런 말씀이 가슴에 팍 와닿지요. 저 역시 예배를 인도하고 말씀을 전하고 찬양을 하지만, 별일 없을 땐 늘 해야 하는 일상으로 무덤덤한 채 있다가 절망 끝으로 내몰리면 그때야 정신을 차리곤 합니다.

앞에서 얘기했듯이 저는 운전대만 잡으면 조는 괴상한 병을 가지고 있습니다. 저도 모르게 졸다가 눈을 떠 보니 대형 트럭 밑으로 들어가기 일보 직전일 때도 있었고 앞차 범퍼를 들이받아 현금으로 처리해 준 일도 있지만, 그 정도는 다반사이니 그저 속상한 정도였습니다.

한번은 샌프란시스코에서 엘에이로 집회를 갔다가 한국에서 찾아온 찬양사역자를 만나 오랜만에 밤새 이야기꽃을 피우고 월요일 새벽 비행기로 집에 도착했습니다. 월요일은 아내가 출근하는 날이라서 곧장 아내를 차에 태우고 일터로 향했습니다.

처음 미국에 갔을 때 생활비가 없어서 아내가 최저시급도 못 받으면서 세탁소에서 10시간씩 일을 했습니다. 너무 속상하고 마음이 아파서 제가 미국에서 집회를 다니기 시작하면서는 일을 그만두게 했습니다. 하지만 친구도 다른 친척도 없이 오로지 저희 식구뿐이니 하루 종일 말 한마디 나눌 사람이 없었습니다. 혼자 있다 보면 오히려 우울감이 찾아와서 언제부터인가 일주일에 사흘은 다시 일을 했습니다. 집에서 세탁소까지 차로 한 시간 반 거리이고, 아내는 운전을 무서워해 제가 늘 데려다주었습니다.

비록 밤을 새우고 왔지만 아내와 얘기를 하면서 가니 졸지 않고 무사히 도착하는가 싶은 찰나, 아들이 다니던 초등학교에서 아이 팔이 부러진 것 같으니 빨리 와서 병원으로 데려가라는 연락이 왔습니다. 미국은 아이가 기침만 해도 데리고 가라고 연락을 합니다. 다른 아이에게 감기를 옮기면 아이 부모가 학교를 상대로 고소를 하거나, 또 학교에서 처치를 잘못했다가 문제가 생겨도 고소를 당할 수 있기 때문입니다.

팔을 다친 아들이 얼마나 아플까 싶어 아내를 내려준 뒤 곧바로 차를 돌려 다시 한 시간 반 거리를 달려갔습니다. 그런데 세상에! 졸음도 양심이 있어야지, 이 상황에 정신을 못 차릴 정도로 졸음이 몰려왔습니다. 껌을 씹고 커피를 마시고 음악을 크게 틀고 허벅지를 꼬집고 뺨을 때리고… 모든 수단과 방법을 동원해도 정신을 차릴 수 없었습니다. 저에게 화를 내다가 안 되니 어느 순간 하나님께 화를 내기까지 했습니다.

그렇게 얼마나 달렸을까. 갑자기 정신이 너무나도

맑아졌습니다. 전혀 졸리지 않고 멀쩡해진 데다가 몸에서 열기도 느껴져 이게 하나님의 역사인가 싶었습니다. 성령께서 아주 강하게 임하셨는지, 쿵 하는 무슨 소리도 들은 것 같았습니다. 그렇게 졸음을 떨치고 아무 문제 없이 잘 달려서 학교에 도착했습니다.

시동을 끄고 운전석 문을 여는데 아무리 애를 써도 문이 열리지 않았습니다. 반대편 문으로 내려서 보니 운전석 쪽이 완전히 찌그러져 있는 게 아니겠습니까. 하지만 더 생각할 겨를도 없이 아들을 데리고 급히 병원으로 갔고, 다행히 골절은 아니라고 해서 안심하고 집으로 돌아왔습니다.

운전 중에 무슨 일이 있었던 걸까? 혼자서 곰곰이 유추해 보았습니다. 제가 성령의 강한 임재라고 느꼈던 그 지점은 고속도로 위에 다른 도로가 또 있어서 중앙분리대에 들어선 교각이 갓길까지 살짝 튀어나와 있던 곳입니다. 급한 마음에 속도를 높여 달리다가 깜빡 졸면서 그 교각에 자동차 옆면을 부딪친 것이었습니다. 쿵 하는 소리는 성령의 임재로 난 소리가 아니라 차 부딪히는 소리였고, 그 바람에 놀라서 정신이 번쩍 들었던 것입니다.

의료보험 가입이 안 되어 있어서 아이가 골절이 아니라는 것을 확인하는 데도 엄청난 비용이 들었는데 차 수리비까지 생각하니 속이 상했습니다. 하지만 이내 그

속도에 교각 옆 부분에만 부딪히고 운전석만 손상되었을 뿐 이렇게 멀쩡히 살아남은 것이 얼마나 큰 은혜인가 싶었습니다. 운전대를 조금이라도 왼쪽으로 더 돌렸더라면 교각에 정면으로 부딪쳤을 테고, 반대로 오른쪽으로 돌렸더라면 다른 차와 엉켜서 벌써 이 세상 사람이 아닐 수도 있었다고 생각하니 소름이 돋았습니다. 그리고 감사가 터져 나왔습니다. 하나님이 지켜 주신 것입니다.

지금까지 이렇게 살아올 수 있었던 것은 내 능력과 노력이 아니라 하나님의 도우심이었습니다. 아무리 노력해도 안 될 때가 있는 법인데, 하나님은 일한 만큼 꼬박꼬박 채워 주셔서 네 식구가 굶지 않고 살 수 있게 하셨습니다. 사고도 발생하고 문제도 터졌지만, 그 정도에서 막아 주셨습니다.

그러니 <하나님이 나를>이라는 찬양을 부를 때마다 감사하지 않을 수 없고, 평안이 가득차지 않을 수 없습니다. 돈 들어갈 일만 생각했으면 평안이 없는 채로 하나님을 원망하며 미간을 찌푸리고, 의무감에 찬양하고 예배하고 사역까지 감당했을 것입니다. 하지만 내 안에 주님이 주시는 평안이 있으니 하루하루 감사할 뿐입니다.

지금 여러분의 마음은 어떠신지요? 마음에 평안을 누리지 못하고 있다면, "하나님이 나를 사랑하심을 늘 깨닫게 하소서. 하나님이 나를 생각하심을 늘 기억하게 하소서"로 시작하는 이 찬양을 부르며 하나님의 사랑하심과 지키심과 동행하심을 느껴 보면 어떨까요? 저처럼 어느새 감사의 고백이 터져 나올지도 모릅니다.

아들이 자라서 성인이 된 후 본인도 운전을 하게 되자 저에게 졸음을 쫓아내는 방법을 알려 주었습니다. 창문을 열고, 엄지와 검지로 현금을 잡은 손을 밖으로 내밀고 가면 졸리지 않는답니다. 그리고 이왕이면 5만 원짜리를 잡고 가면 절대 졸리지 않는다고 하더군요. 그런데 말입니다! 아들이 제 병을 물려받았는지 벤츠나 BMW 같은 비싼 차를 들이받고 다닙니다.

하나님이 나를

겟세마네

김성수 작사 · 작곡

너희들은 모두 잠들었구나 요한아 시몬아

내가 기도하는 동안에도 잠들어 있구나

내가 행한 모든 것 너희는 보았거늘

너희들도 내 곁을 지키지 않으리라

하지만 이 세상에 머리 둘 곳 없이 떠돌다 가는

이 내 몸이 십자가에 죽어야만 하는 이유를

너희들은 알게 되리라 시몬아 요한아

내가 간 뒤 너희에게 오실 그분이 이루리라

너희들은 모두 어디 있느냐 요한아 시몬아

사랑하는 나의 제자들아 어디에 있느냐

내가 행한 모든 것 너희는 들었거늘

너희들도 내 곁을 지키지 않으리라

하지만 이 세상에 머리 둘 곳 없이 떠돌다 가는

이 내 몸이 십자가에 죽어야만 하는 이유를

너희들은 전하게 되리라 시몬아 요한아

내가 간 뒤 너희에게 오실 그분이 이루리라

✦

     <겟세마네>는 1988년 KBS 대학가요축제에서 대상을 받은 김성수 목사님의 곡입니다. <집으로 가자>라는 찬양이 아주 매력적이었고 가창력도 좋아서 꼭 만나고 싶었는데, 1990년대 초 어느 언론사에서 당시 잘나가던 사역자들을 모아 놓고 찬양문화에 대한 토론을 진행할 때 처음 만났습니다. 그분은 기독교 모임에서 성철 스님 이야기를 아주 열심히 할 만큼 자유로운 영혼이었습니다. 이후 미국으로 건너가서 신학을 공부하고 목회를 하다가 지금은 천국으로 이사를 했습니다.

     제가 샌프란시스코에서 살고 있을 때, 엘에이의 삼성장로교회에서 중동 지역 선교사대회를 위한 콘서트를 개최한다면서 연락을 해왔습니다. 그때 중동 지역 선교사님들의 상황을 자세히 듣고 충격을 받았습니다.

     무슬림 지역에서는 '선교사'라는 명칭조차 쓸 수 없어 대부분 전문인 선교사로 들어가지만, 복음을 전했다가 추방 또는 심하면 순교를 당할 수 있다고 했습니다. 선교사는 복음을 전할 사명으로 불타고 그것이 생존의 의미인데, 복음 전하는 것은 물론 집에서 가정예배를 드리거나 혼자서 찬송을 부르는 것도 금지되어 있다는 겁니다. 게다가 자녀들은 국제학교에 다닐 형편이 되지 않아 일반 학교에 다니면서 인종차별이나 따돌림을 당해 깊은 상처를 받기도 하니, 선교사님들이 점점 지쳐 나중에는 사역을 포기하는 일까지 생긴다고 했습니다.

이런 이유로 중동 지역 선교사님들을 매년 제3국으로 초청해 "선교사님이 그곳에 남아 있는 것이 선교입니다"라며 격려하고, 말씀과 찬양으로 재충전을 돕는 시간을 갖고 있었습니다. 저에게 헌금 관련 멘트를 진행해 달라고 요청해 힘주어 얘기했고, 오래된 일이라 정확지는 않으나 15만 달러의 헌금이 모인 것으로 기억합니다. 그때 김성수 목사님이 함께했는데, 그분이 부른 <세 번 부인할지라도>와 <겟세마네>라는 곡이 마음에 들어 다윗과요나단 음반에 담고 싶다고 졸라서 허락을 받았습니다.

저희 대표곡 <친구의 고백>과 <요한의 아들 시몬아>는 모두 베드로 이야기입니다. 그런데 <세 번 부인할지라도>도 베드로의 절절한 회개였고, <겟세마네>에는 그곳에서 마지막 기도를 하셨던 주님의 마음을 이해하지 못하고 잠들어 있던 제자들을 향한 안타까운 심정이 담겨 있습니다. 특히 2절 "너희들은 모두 어디 있느냐, 요한아 시몬아" 가사를 듣고 '이 곡은 내가 꼭 불러야겠다'는 생각을 했습니다. 1995년 성지순례를 할 때 가장 기억에 남은 곳이 겟세마네였기에 더더욱 강렬한 열망이 생겼습니다.

성지순례는 모든 그리스도인의 소원일 것입니다. 저도 그렇게 가고 싶었지만 하루하루 하늘에서 주시는 만나로 사느라 꿈도 못 꾸다가 당시 사례를 받지 않고 사역했던 교회에서 배려해 주어서 다녀올 수 있었습니다. 제가 성지순례를 갈 때는 아직 해외여행이 보편화되기 전이어서 정보가 부족했습니다. 준비도 없이 갔다가 음식이 입에 맞지 않아 어느 분이 챙겨 온 볶은 고추장을 모든 음식에 비벼 먹는 걸로 버티기도 했습니다. 심지어 빵에도 고추장을 발라 먹었습니다.

먼저 이집트 카이로에 도착해 1943년 한반도의 운명을 갈라놓은 계기가 된 카이로 회담이 열렸던 호텔에서 묵었습니다. 깜깜한 밤에 조명이 비친 피라미드를 바라보며 모기의 총공세 속에서도 감격에 겨워 마신 커피한 잔은 아직도 기억이 생생합니다. 이스라엘 국경으로 가면서 새벽 2시쯤에 일어나 올랐던 시내산의 일출은 평생 잊지 못할 것입니다.

하지만 이스라엘 국경을 넘는 순간부터 검문이 심해져 지치기 시작했고, 예수님의 행적을 따라다니며 감격과 은혜로 눈물을 흘리고 싶었지만 가는 곳마다 인산인해에 소매치기까지 극성이었습니다. 게다가 예수님의 무덤 교회에서 만난 장삿속이 훤한 그리스 정교회 사제와의 실랑이는 성지순례의 감격은커녕 짜증을 폭발시키는 일이었습니다.

다행히 겟세마네 동산은 어찌된 일인지 일단 붐비지 않았고, 그곳에서 바라보는 예루살렘성은 가슴을 뛰게 했습니다. 어쩌면 같은 위치에서 예루살렘성을 바라보며 우셨을 예수님의 마음이 느껴졌습니다. 예수님이 손을 얹고 기도하셨다는 바위는 땅속에 묻혀 머리 부분밖에 보이지 않았지만, 땀방울이 핏방울이 되기까지 간절히 기도하셨던 예수님의 심정이 전해지면서 저 또한 눈물이 왈칵 쏟아지더군요.

<겟세마네>는 그때의 은혜를 회복하게 해준 찬양입니다. 찬양가수로 초청을 받아 집회를 하고 방송을 하면서도, 예수님의 마음을 이해하지 못하고 잠들었던 제자들과 별 다를 바 없는 저의 모습을 직시하고 통곡하며 회개하게 만드는 곡입니다.

우리는 교회를 다니고 예배를 하고 찬양을 하는 이유가 예수님과 하나님이 아니라, 나 때문은 아닌지 늘 돌아봐야 합니다. 은혜받기 위한 마음만 가득 채워 예배에 참석하는지, 지난 일주일 전쟁 같은 삶 속에서 힘들기도 했지만 때마다 지켜 주신 하나님께 감사를 드리러 가는지.

당연한 얘기지만, 내가 은혜받는 것이 우선이 되면

예배도 찬양도 설교도 모두 내가 기준이 됩니다. 그래서 마음에 들지 않으면 은혜는 하나도 없고 원망만 쌓이다가 결국 교회를 옮겨 다니고 신앙생활마저 포기하게 됩니다.

그렇기에 우리는 늘 주님 앞에서 자신을 돌아봐야 합니다. 예배당에 앉자마자 시작하는 기도부터 묵도송, 기도송, 축도송이 울려 퍼지는 동안에 드리는 기도가 감사의 기도인지, 아니면 '주시옵소서' 기도인지…. 꼬이고 깨지고 넘어지는 상황을, 돌아오라고 간절히 부르시는 아버지의 음성으로 듣는지, 아니면 '왜 나를 이렇게 힘들게 하십니까?' 하는 원망으로 받는지…. 손들어 찬양하고 열심히 봉사하고 성경통독에 필사까지 일등으로 해내지만, 주님과 상관없는 삶의 모습으로 잠들어 있는 영혼은 아닌지 말입니다.

겟세마네

나의 아버지

김석균 작사 · 작곡

언제나 강물 같은 주의 은혜로 내 영혼 새롭게 빚는

창조의 하나님이 나의 아버지

지치고 상한 마음을 싸매 주시고 품 안에 안아 주시는

위로의 하나님이 나의 아버지

신실하신 하나님이 나의 아버지

실수하지 않으시는 하나님이 나의 아버지

복 주시고 지키시며 은혜와 평강을 베푸시는

축복의 하나님이 나의 아버지

✦

9집 음반은 제가 샌프란시스코에 살던 2004년에 제작되었습니다. 8집처럼 강원명 목사님이 한국과 미국을 오가며 프로듀싱을 해서 완성했습니다.

8집 때는 전태식 목사가 미국을 잠시 방문했을 때 재킷 사진을 같이 찍었는데, 9집 때는 저는 미국에서 전 목사는 한국에서 각각 찍은 사진을 이용해 앨범 재킷을 디자인했습니다. 샌프란시스코에서 저와 교제하며 함께 사진을 배우던 유승호 목사님이 샌프란시스코 공원을 누비며 제 사진을 찍어 주었습니다. 유 목사님은 지금 유명한 사진작가가 되어 한국에서 상설전시회도 할 만큼 실력을 인정받았지만, 저는 커피와 함께 제 취미였던 사진 찍기를 여러 가지 이유로 접었습니다.

9집 음반을 제작할 당시 한국에서는 이른바 '워십 음반'이라 불리는 예배찬양들이 유행이라서 프로듀서였던 강원명 목사님이 워십 음반을 제안했습니다. 저는 예배찬양 사역자가 아니고 찬양과 간증을 통해 복음을 전하는 부흥회를 주로 인도하는 사역자라서 워십 음반이 좀 어색했지만 한국 상황을 무시할 수 없어서 그렇게 제작했습니다.

부르는 사람이 먼저 은혜가 되어야 듣는 사람도 은혜를 받을 텐데, 제게 익숙한 형태의 찬양들이 아니다 보니 9집은 저도 잘 부르지 않게 됩니다. 그래서 9집 음반에 수록된 곡들은 함께 나눌 이야기가 많지 않습니다.

하지만 9집에 실린 곡 가운데 김석균 목사님이 작사·작곡한 <나의 아버지>는 아버지를 일찍 여읜 저에게 많은 메시지를 주었습니다. 제가 초등학교 2학년 때 돌아가신 아버지에 대해 저는 왜곡된 기억을 갖고 있었습니다. 그 때문에 하나님 아버지에 대해서도 두려움만 품고 있다가 아이들을 기르면서 아빠의 마음을 새로이 경험하게 되었고, 거기에 더해 <나의 아버지> 찬양은 하나님과의 관계를 회복시켜 주었습니다.

집회에서 <나의 아버지>를 부를 때마다 아버지 하나님에 대해 우리가 가지고 있는 무의식과, 예배와 찬양과 기도에 대한 신앙적 오해를 종종 말씀드립니다. 그중에서 기도에 대한 이야기를 함께 나누고 싶습니다.

우리가 주일학교 때 배우는 기도는 눈감고 두 손 모으고 머리를 숙여서 하는 것이었습니다. 청소년 시절에 배운 어른들의 기도는 철야를 통해 길게 하는 것인데, 저는 아무리 길게 하려 해도 잘 되지 않아서 했던 소리 하고 또 하는 그야말로 중언부언 기도였습니다. 또 기도할 때 쓰는 용어도 사극에나 나올 법한 단어가 많아야 좋은 줄 알았고, 기도는 하나님과의 대화라고 배웠지만 강단에서 기도하는 목사님이나 장로님들의 기도 톤은 하나님께 화가 나서 따지거나 훈육하는 분위기가 많아서 혼란스럽기도 했습니다.

한번은 당시 섬기던 교회 안수집사님이 대표기도를 하고 있었습니다. 미처 제가 준비하지 못한 부분이 있어서 예배에 방해되지 않게 기도 시간에 처리하려고 눈을 떴다가 충격적인 장면을 보았습니다. 그분은 눈을 뜬 채 회중을 바라보며 정치인이 연설하듯 기도를 하고 있었습니다. 그리고 담임목사님의 생신을 맞아 예배 후 식당에서 식사 기도를 하면서는 "우리 다 같이 축하의 박수를 드립시다"라고 기도해서 모두를 당황하게 만든 적도 있습니다.

기도는 아버지이신 하나님과의 대화라는 사실은 누구도 부인할 수 없습니다. 그런데 육신의 아버지와 대화하는 것과 하나님 아버지와 대화하는 모습이 왜 이토록 달라야 하는지, 하나님 아버지와의 대화를 왜 꼭 그런 식으로 해야 영성이 있다고 여기는지 모르겠습니다.

미국에서 만난 어느 목사님에게 들은 간증입니다. 한국에 계실 때 시골에서 목회를 했는데 농번기에는 농사하는 들녘으로 심방을 가야 한답니다. 한번은 너무 더워 동행한 집사님과 막대 아이스크림을 하나씩 사서 먹으려는 순간, 교회 장로님을 만났습니다. 연세 드신 장로님이 이것도 음식이니 기도하고 먹어야 한다기에 장로님에게 기도 부탁을 했습니다. "천지만물을 창조하시고 인간의 생사화복을 주관하시며…"로 시작된 장로님의 기도가 창세기에서 시작해 출애굽기로 넘어가는 도중 아이스크림이 녹기 시작해 기도가 끝났을 때는 꼬챙이만 남아 있었다는 웃기고도 슬픈 이야기였습니다.

저는 기도는 아버지와 아들의 대화처럼 해야 한다고 생각합니다. 새 신발이 필요한 아들이 제게 와서 "일찍이 다윗과요나단으로 유명하시고 전 세계를 다니시며 하나님을 찬양하시느라 너무나도 고생하시는 황국명 아버지" 하고 대화를 시작한다면 얼마나 웃기겠습니까? 그저 "아빠, 신발 다 떨어졌어요. 신발 새로 사주세요" 하면 됩니다. 기도를 뭔가 거창하고 아름다운 말로 채워야 한다고 오해하고 있으니 쉬지 말고 기도하라는 말씀이 실천하기 불가능한 말씀으로 느껴지는 것은 아닐까요? 눈감고 두 손 모으지 않아도, 걸으면서도 버스에서도 운전을 하면서도, 나와 동행하시는 하나님 아버지와 수시로 대화하면 쉬지 않고 기도하는 것 아닐까요?

저의 육신의 아버지는 일평생 강렬하게 기억되는 훈육 방법으로 제게 두려움을 남겼고, 제가 힘들고 아플 때 세상에 계시지 않아 아무런 도움도 주지 못하셨습니다. 하지만 하나님 아버지는 그 절망의 가난 속에서도 노래하게 하셨고, 웃게 하셨고, 어디로 가야 할지 방황할 때 늘 최선의 길로 인도해 주셨습니다.

하나님 아버지를 만나지 못했더라면 제 인생이 어떠했을지 생각하면 소름이 돋을 정도로 끔찍한 감정과 함께 그저 감사함이 차올라 눈물이 흐르곤 합니다. <나의 아버지>의 가사처럼 하나님은 언제나 강물 같은 은혜로 내 영혼을 춤추게 하셨고, 지치고 상한 저를 안아 주신 위로의 아버지였습니다.

하나님 아버지는 매너리즘에 빠져 엉뚱한 짓을 하고 있는 저를 찢고 채찍질하여 힘들고 절망스러운 상황에도 처하게 하셨지만, 회개하고 돌아가면 약속하신 대로 도로 낫게 하시고 싸매어 주시는 신실하신 아버지이십니다. 잘못된 선택을 해서 관계가 뒤틀리고 방황하기도 했으나, 그런 저를 가장 좋은 길로 인도하셔서 평강을 누리게 하신 그야말로 아바 아버지이십니다. 저를 싸매시고 치료하신 하나님, 이분이 바로 여러분의 아버지이십니다.

나의 아버지

당신은 하나님의 사람

김석균 작사 · 작곡

주님의 은혜로 살아가는
당신의 모습이 참 아름다워요
주님의 사랑을 나누어 주는
당신의 모습이 너무 아름다워요

말씀에 순종하며 살아가는
당신의 믿음이 참 아름다워요
주님이 맡긴 사명 감당 잘하는
당신의 모습이 너무 아름다워요

하나님을 감동시키고 세상을 변화시키니
당신은 이 세상에 필요한 사람
하나님이 좋아하는(기뻐하는) 사람
당신 때문에 어둔 세상이 사랑(찬양)으로 가득 차지요
당신 때문에 하나님께서 더욱 영광 받으시지요

✦

　　<당신은 하나님의 사람>은 '더 메모리' 음반 타이틀 곡입니다. 한 사람이 한국에 있으면 한 사람은 미국에 있고 하면서 다윗과요나단은 오랜 기간 따로 사역을 했습니다.

　　미국발 금융 위기로 알려진 '서브프라임 모기지론 파동' 때 사기를 당해 집을 잃고 충격을 받은 저는 미국 생활에 회의가 들었습니다. 마침 아이들도 대학생이 되어서 아내와 둘이 한국으로 나와 오피스텔에 머물며 지냈고, 이후 아이들까지 한국으로 들어왔습니다.

　　이로써 2014년 다윗과요나단 두 사람 모두 한국에 있게 되면서 둘이서 같이 열심히 사역할 수 있었습니다. 하지만 1년 동안 함께 사역을 했더니 가난해지다 못해 점점 빚쟁이가 되기 시작했습니다.

　　저희가 처음 같이 사역을 할 때는 둘 다 총각이었다가 막 신혼 생활을 시작한 시기라서 집회를 통한 사례가 넉넉하지 않아도 그럭저럭 지낼 수 있었습니다. 그런데 둘이 귀국해 다시 사역할 즈음에는 50을 넘긴 나이인 터라 30년 동안 오른 물가조차 고려되지 않은 사례비로는 두 가정이 생존할 수가 없었습니다. 음반 시장도 모두 죽어 음반을 통한 수입은 아예 없었습니다. 그것도 모르고 야심 차게 출시한 새 음반의 제작비를 갚지 못해 빚이 점점 늘어가게 되었던 거죠.

사역을 통해 부자가 되는 것은 오래전에 포기했습니다. 그렇다고 둘이서 빚을 쌓아 가면서 활동을 계속할 수는 없었습니다. 20년가량 각자 사역했던 것처럼 눈물을 머금고 한국에서도 한 사람씩 사역을 하기로 했습니다. 이런 사정을 잘 모르는 분들은 다윗과요나단이 싸워서 해체된 줄로 알고 계시더군요. (동네 친구가 그렇듯이 저희도 티격태격하면서 여전히 막역하게 잘 지내고 있습니다.)

30년 넘게 초청 사례비를 정하지 않고 사역했지만, 이런 내막 때문에 전 목사와 같이 갈 때는 그 원칙을 깨고 미리 조건을 말씀드리기로 약속했습니다. 초청하는 분들이 처음에는 꼭 같이 와야 한다고 하다가도, 저희가 이러저러한 이유로 둘이 갈 때는 사례비를 정했다고 말씀드리면 혼자 오라고들 합니다. 그래서 함께 가는 집회가 일 년에 열 번 정도 있다가 요즘에는 거의 각자 사역하고 있습니다.

<당신은 하나님의 사람>은 오래전 김석균 목사님 작곡집에 전태식 목사와 이정림 사모가 듀엣으로 불렀던 곡인데, 리메이크를 해서 '더 메모리' 음반에 실었습니다. 처음에는 신곡을 발표하는 음반을 계획했지만, "이미 죽은 음반시장에 신곡을 내도 큰 의미가 없다. 그동안 사랑받은 대표곡을 리메이크하고 장년들이 좋아하

는 예배찬양과 새로운 곡을 두 곡 정도 담자"는 프로듀서의 의견에 따라 만들었습니다.

둘이 같이 사역할 때도 그렇고 저 혼자 사역할 때도 집회 시작 찬양으로 <당신은 하나님의 사람>을 부르는데, 찬양 시작과 함께 눈물을 흘리는 분들이 있습니다. 늘 소외당하고 멸시당하는 삶을 살면서 주눅 들어 있었던 분들에게는 처음 듣는 축복의 언어이기 때문입니다.

완벽한 사람은 없는데도 불구하고 실수하거나 일이 잘못되면 남편과 아내로부터, 혹은 부모님과 선생님, 직장 상사로부터 야단을 맞거나 업신여김을 당하는 것이 보편적입니다. 게다가 교회에서조차 나무라는 얘기를 들으며 상처를 안고 사는 이들에게 이 곡은 큰 위로가 됩니다.

한국 사회에서는 예쁘게 생긴 얼굴과 날씬한 몸매를 일컬어 '착한 얼굴, 착한 몸매'라고까지 합니다. 그러니 내 생김새로는 어딜 가도 아름답다는 소리를 들어 본 적이 없는데, "주님의 은혜로 살아가는 당신의 모습이 참 아름다워요"라고 하니 눈시울이 뜨거워질 수밖에요.

먹고사는 일로도 지치는데 말씀에 순종하려고 발버둥 치고, 주님이 맡기신 사명을 감당하느라 쉴 틈조차 없이 봉사를 합니다. 하지만 기대치만큼 결과를 내지 못하면 칭찬보다는 무거운 책망이 돌아올 뿐, 당신이 살아가는 그 모습이 너무 아름답다는 얘기를 들어 본 적이 없는 분들이 참으로 많습니다. 나 때문에 어둔 세상이 사랑으로 가득 차고, 나 때문에 하나님이 기뻐하시고, 내가 이 세상에 꼭 필요한 사람이라는 축복의 말에 그간 서럽고 힘들었던 것이 폭발해서 웁니다.

이 찬양 간주가 나오는 동안 "저는 지금 여러분이 아름답다고 축복하는데, 표정들이 상당히 기분 나쁘신 것 같습니다"라고 하면 모두 웃으면서 표정이 바뀝니다. 후렴을 반복할 때는 이 가사로 자신을 축복하게 하고, 한 번 더 반복할 때는 서로를 축복하게 하면, 그 무섭고 어둡던 표정들이 환하게 변하고 집회 초반부터 마음 문이 활짝 열립니다. "오늘부터 이 표정으로 살아갑시다. 그래야 믿지 않는 우리의 이웃들이 우리 표정이 부러워서 교회에 따라 나올 것입니다" 하면 모두들 "아멘"으로 화답합니다.

정말 전도가 어려워진 시대입니다. 날마다 교회의 좋지 않은 이야기들이 뉴스에 등장하고, 코로나19에 따른 집합 금지 명령에 대항한 예배 사수 전쟁으로 믿지 않는 사람들에게 민폐를 끼치는 집단으로 낙인찍히고 말았습니다.

이제는 말이 아니라 삶으로 그리스도인임을 보여

줘야 하는 시대가 되었습니다. 예수님을 따르는 우리가 정직하지 않고, 친절하지 않고, 양보하고 배려하지 않으면, 전도 대상자들의 마음을 절대로 움직일 수가 없습니다. 그간 우리는 하나님을 믿는다고 하면서도 우리만의 복을 위해 살았던 것 같습니다. 이제는 달라져야 합니다. 언어가 달라지고, 표정이 달라지고, 세상 사람들이 감동할 정도로 삶이 달라지지 않으면 그 놀라운 주님의 사랑을 다른 이들에게 전할 수가 없습니다.

이 찬양을 들으며 나의 표정과 언어와 삶을 돌아보면 좋겠습니다.

당신 때문에 어둔 세상이 사랑으로 가득 차지요
당신 때문에 하나님께서 더욱 영광 받으시지요

당신은 하나님의 사람

사랑합니다 주님

송상경 작사·작곡

사랑합니다 주님 사랑합니다 예수님
주님 향한 내 마음을 기뻐 노래합니다
내가 아프고 힘들 때 내 맘 고쳐 주시니
나를 치유하신 주 사랑해요
사랑합니다 주님 사랑합니다 예수님
온 맘 다해 주 섬기며 주를 바라봅니다
내가 슬프고 힘들 때 나를 만져 주시니
나를 위로하신 주 사랑해요

나를 위해 죽으시고 나를 위해 부활하신
놀라운 그 사랑 찬양합니다
날 위해 주 걸어가신 그 길 따라갑니다
주가 내게 주신 사명 가지고
사랑합니다 주님 사랑합니다 예수님
주님 향한 내 마음을 기뻐 노래합니다
내가 아프고 힘들 때 내 맘 고쳐 주시니
나를 치유하신 주 사랑해요

✦

다윗과요나단의 시리즈 음반으로는 '더 메모리'가 마지막 앨범입니다. 음반시장이 아예 죽은 상황에서 새로운 음반을 만드는 것은 빚을 떠안는 일입니다. 찬양사역의 길로 처음 들어서는 신인 또는 재정적 여유가 있거나 나름의 소신으로 만들지 않는 이상, 새 음반 제작은 불가능한 시대가 되었습니다. 더군다나 시대가 변해서 이제는 찬양 선곡의 권한이 목사님이 아니라 찬양인도자의 손에 있습니다. 젊은이들로 구성된 찬양팀은 요즘 뜨는 예배팀의 찬양 위주로 선곡하니 저희 같은 오래된 사역자는 신곡을 발표해도 묻히기 일쑤입니다.

코로나19로 인해 뒤늦게나마 유튜브 세계를 알게 되면서 이런저런 기획이 떠오릅니다. 여러 곡을 묶어서 내는 음반보다는 한 곡씩 음원을 만들어 음악 사이트를 통해 발표하고 판매하는 싱글 음반도 생각해 봅니다. 하지만 이 또한 제작비가 만만치 않은 데다 음악 사이트를 통해 음원을 구입해 듣는 분들이 저희 노래에는 별 관심이 없는 젊은 세대인지라 용기가 나질 않습니다.

<하나님의 사랑 주님의 눈물>과 <사랑합니다 주님>은 가장 최근에 만든 신곡으로 2009년 '더 메모리' 음반을 통해 발표했으니 벌써 10년이 넘었습니다. 신곡을 발표해도 교회에서 선곡을 해주는 사람이 없어서 거의 기

대를 하지 않았는데, 다행히도 이 두 곡은 선전했다고 자부할 만큼 사랑을 받았습니다.

<하나님의 사랑 주님의 눈물>은 지구촌교회 예배 찬양 인도자 최지호 목사님이 작사·작곡하였습니다. 최 목사님은 이미 젊은이들에게 잘 알려진 분이더군요. 그래서인지 <하나님의 사랑 주님의 눈물>은 청년들에게 사랑을 받았고, <사랑합니다 주님>(송상경 작사·작곡)은 장년들에게 사랑을 받았습니다.

<사랑합니다 주님>은 메모리 음반에 넣을 계획이 없던 곡입니다. 많은 사랑을 받은 <친구의 고백>, <요한의 아들 시몬아>를 한 곡으로 묶고, <해같이 빛나리>와 <부서져야 하리>를 한 곡으로 묶고, <주만 바라볼찌라>와 <주님 손잡고 일어서세요>, 그리고 유일하게 빠른 곡인 <내가 어둠 속에서>를 리메이크했습니다. 그리고 프로듀서의 제안대로 장년들이 좋아하는 예배 곡 중에 <사명>, <내가 주인 삼은>, <하나님은 너를 지키시는 자>, <온 맘 다해>를 다윗과요나단의 감성으로 부르기로 했습니다.

경쾌한 곡이 필요해서 4집 만들 때 채한성이라는 후배 작곡가에게 <내가 어둠 속에서>와 같은 곡을 써달라고 의뢰했고, <그 사랑의 숨결>이라는 곡을 써왔습니

다. 불러 보니 세련되고 좋은데 다윗과요나단 분위기와는 맞지 않아서, 부족하지만 제가 작곡한 <기쁨의 노래>를 발표했습니다. 그런데 나중에 후배 사역자 소리엘이 <그 사랑의 숨결>을 발표해서 히트를 했습니다. 저희 메모리 앨범을 만들면서 작곡자에게 그 곡을 달라고 부탁해서 소리엘과는 다른 분위로 불러 보았습니다. 그리고 신곡으로 <하나님의 사랑 주님의 눈물>까지 12곡을 담기로 하고 편곡 작업을 했습니다.

연주를 다 마친 후 저희가 거기에 맞추어 연습해 녹음을 하고 있는데, 저희 노래를 레코딩하던 엔지니어 송상경 형제가 자신이 장년들이 좋아할 만한 곡을 만들어 놓았다면서 다윗과요나단이 부르면 좋겠다고 제안했습니다.

예정에 없던 일이라 이게 뭐지 하는 사이에 악보를 들고 와서 불러 주는데, 완전히 트로트 같은 느낌에 가사도 명확하지 않아서 어찌 말을 해야 할지 당황스러웠습니다. 저나 전 목사나 단칼에 자르지 못하는 성격이라서 서로 눈치를 보며 어찌하나 하고 있었습니다. 그러는 중에 음악은 이미 다 만들어 놨으니 한 번 불러 보라고 청해서 부르는데 화음이 들어가니 분위기가 묘하게 괜찮았습니다.

가사를 좀 다듬어도 되겠느냐고 상경 형제에게 조

심스럽게 물었더니 그래도 된다고 했습니다. 조금 다듬어서 불러 본 후 나중에 프로듀서가 오면 얘기해서 **빼려**고 했습니다. 그런데 녹음하면서도 묘한 분위기에 웃음이 나더니, 불러 놓고 듣는 데도 나쁘지 않다는 생각이 들어서 열세 번째 곡으로 넣기로 했습니다.

그런데 '더 메모리' 음반을 듣는 사람마다 다른 곡에는 별 반응이 없고, "사랑합니다 주님 사랑합니다 예수님" 부분은 금방 익혀서 따라 하는 게 아니겠습니까? 전혀 예정에 없던 곡 때문에 죽은 음반시장에서 이 음반이 선전을 해 2,000만 원이라는 제작비를 갚고도 로열티를 받게 할 줄 누가 알았겠습니까. 사역을 하다 보면 이처럼 예기치 않은 은혜를 경험할 때가 많이 있습니다.

사랑합니다 주님 사랑합니다 예수님

온 맘 다해 주 섬기며 주를 바라봅니다

내가 슬프고 힘들 때 나를 만져 주시니

나를 위로하신 주 사랑해요

나를 위해 죽으시고 나를 위해 부활하신

놀라운 그 사랑 찬양합니다

날 위해 주 걸어가신 그 길 따라갑니다

주가 내게 주신 사명 가지고

지금까지 제 이야기에 귀 기울여 주신 독자님들께 감사를 드립니다. 이제 다윗과요나단의 정식 음반 이야기는 이것으로 끝이 납니다. 하지만 꼭 소개하고픈 저의 찬송가 음반에서 그 예기치 못한 은혜를 한 번 더 나누려 합니다. 청하지 않은 앵콜송으로 받아 주십시오.

사랑합니다 주님

내 평생에 가는 길

H. G. 스패포드 작사 · P. P. 블리스 작곡

내 평생에 가는 길 순탄하여 늘 잔잔한 강 같든지
큰 풍파로 무섭고 어렵든지 나의 영혼은 늘 편하다

저 마귀는 우리를 삼키려고 입 벌리고 달려와도
주 예수는 우리의 대장 되니 끝내 싸워서 이기리라

내 지은 죄 주홍빛 같더라도 주 예수께 다 아뢰면
그 십자가 피로써 다 씻으사 흰 눈보다 정하리라

저 공중에 구름이 일어나며 큰 나팔이 울릴 때에
주 오셔서 세상을 심판해도 나의 영혼은 겁 없으리

(후렴)
내 영혼 평안해 내 영혼 내 영혼 평안해

✦

　<내 평생에 가는 길>은 법률가였던 호레이쇼 스패포드가 작사한 곡입니다. 승승장구하던 그는 네 살 난 아들을 잃었고, 아들이 죽은 지 몇 달 후에는 큰 화재가 발생해 재산을 잃었습니다. 2년 뒤쯤, 가족을 위로하기 위해 유럽 여행을 계획했지만 급한 일이 생겨 본인은 배에 타지 못하고 아내와 딸들만 먼저 승선을 합니다. 그리고 얼마 후, 가족들이 탄 배가 침몰해 아내만 살아남고 네 딸은 모두 사망합니다. 스패포드가 홀로 살아남은 아내를 만나려고 유럽으로 가던 중 배가 침몰한 그 사고 지역을 지나면서 쓴 가사가 바로 <내 평생에 가는 길>입니다.

　딸들을 수장시킨 바다 위에서 이 곡을 만들었다는 기막힌 사연을 알고 나면, 제가 겪은 고난은 아무것도 아님을 깨닫게 됩니다. 아울러 어떻게 그런 상황에서 이런 고백을 할 수 있었을까, 나라면 과연 그렇게 할 수 있을까 생각해 보게 됩니다.

　아무리 말씀을 붙들고 목이 터져라 기도하고 찬송을 불러도 불안이 사라지지 않는 고난을 누구나 한두 번은 경험했을 것입니다. 그런 상황에서 가장 빨리 평안을 누릴 수 있는 최선의 방법은 모든 걸 포기하고 하나님 품에 온전히 안기는 것입니다.

몇 년 전, 중동 지역 선교사대회에 초청을 받은 적이 있습니다. 미국에 있을 때 중동 지역 선교사님들의 상황을 듣고 콘서트로 섬긴 적도 있어서 남다른 마음이 들기도 했지만, 그 대회를 주최한 회장님의 아내분이 저와 한 식구처럼 지냈던 동역자라서 거절할 수 없었습니다.

집회 사역을 해서 생활하는 형편인지라 자비량으로 섬겨야 하는 선교대회는 어쩔 수 없이 못 간다고 할 때가 많습니다. 왕복 항공료에 다른 경비도 만만치 않지만, 다녀오는 동안 집회를 못 하면 생활비가 마련되지 않는 이중고를 겪어야 하기 때문입니다. 초청한 분들께 자세한 사정은 말씀 못 드리니 거절할 때마다 늘 마음이 아팠습니다.

그런 모습을 지켜보던 아내가 본인이 평소 갈고 닦아서 취득한 퀼트 자격증으로 선교비를 만들고 싶다고 해서 동생들의 도움으로 대출을 받아 조그마한 공방을 열었다가 오히려 매달 마이너스가 나서 그야말로 죽도록 고생만 하고 2년 만에 접은 일도 있습니다.

또 브라질에서 부흥회를 인도할 때 은혜를 받은 한 분이 "선교 갈 일이 생기면 후원하겠습니다. 언제든 말씀하십시오"라고 해서 두 번이나 귀한 사랑의 후원을 받았습니다. 하지만 후원해 달라는 말을 꺼내느라 고민하고 또 고민했던 긴 시간이 너무 힘들어서 더는 말씀을 못 드리고, 그 뒤로는 자비량 선교 사역은 포기한 터였습니다.

중동 지역 선교사대회를 섬기겠다고 약속은 했지만 사실 아무리 계산기를 두들겨도 답이 나오지 않아 고민하고 있었습니다. 제 모습을 본 부산의 황 장로님이 SNS에 후원을 부탁하는 글을 올려 보라고 해서 그 또한 몇 날 며칠을 고민하다 올렸습니다. 그런데 놀랍게도 일면식도 없고 누군지도 모르는 분들이 헌금을 해주었습니다. 그 귀한 헌금을 받고는 너무너무 부담스러워서 잠을 이룰 수가 없었습니다. 여러 분들의 후원으로 불가리아에서 하는 그 선교대회를 잘 섬기고 돌아왔습니다.

한 해가 지난 후 불가리아 선교대회에 참가했던 카타르 한인교회 장로님이 은혜를 받았다며 그곳에 와서 부흥회를 해달라고 연락이 왔습니다. 그런데 담임목사님의 제안이 참 재미있었습니다.

"카타르 왕복 항공권을 직항으로 하면 황 목사님 혼자 오셔야 합니다. 하지만 다른 공항에 잠시 내려 비행기를 갈아타도 괜찮으시면 항공료가 비슷하게 나오니 사모님도 오시면 좋겠습니다."

그 말을 듣고 이왕이면 같이 가는 것이 좋겠다 싶어서 중동 지역 선교사대회에서 만난 터키의 선교사님도 방문하기로 약속하고, 제 카드로 인터넷을 통해 미리 표를 예매했습니다. 30년 넘게 비행기로 전 세계를 다녔고, 미국에서 14년 동안 매주 비행기로 움직였던 경험을 토대로 수개월 전에 미리 예매를 했습니다. 그리고 그 비행기표를 자주 꺼내 보면서 집회와 선교여행을 위해 열심히 기도했습니다.

다음 날 낮 1시 비행기로 출발하게 되어 있어서, 다녀올 동안 감당해야 할 일들을 정리하고 밤 12시쯤 정신없이 짐을 싸고 있는데 전화벨이 울렸습니다. 이 밤에 누가 무슨 일로 전화를 할까 싶어 받았습니다.

"황국명 씨죠?"

어느 여자분의 다급한 목소리가 들렸습니다. 밤늦은 시간에 전화를 해서 "황 목사님이시죠?"도 아니고 황국명 '씨'를 찾다니 무슨 무례한 전화인가 싶어 그렇다고 했더니 놀란 목소리로 대뜸 말합니다.

"안 오세요?"

이 밤에 누군지도 모르는 여자가 안 오느냐고 물으니 황당하다 못해 짜증이 올라왔습니다.

"누구시죠?"

"여기 공항입니다. 비행기 출발 한 시간 전인데 아직 체크인을 하지 않아서 전화를 했습니다."

그 순간 머릿속이 하얘졌습니다. 비행기표를 꺼내 확인하니 13시가 아니라 1시라고 적혀 있는 게 아니겠습니까? 30년을 비행기를 탔고, 오후 1시는 13시로 표기하는 것이 당연한데 왜 1시를 '오후 1시'라고 생각했을까요? 아직도 미스터리입니다.

결국 그 비행기표를 취소하고 다시 검색하니 직항은 비싸기도 했지만 자리가 하나도 없었습니다. 그래서 태국을 경유하는 편도 표를 산 다음 그 교회 담임목사님에게 사정을 알렸습니다.

"지난번에 하루 전에 도착하는 일정으로 표를 샀기에 오늘 구입한 표로는 하루 전에는 도착을 못 해도 당일 오전에는 도착합니다. 그러니 오후에 시작되는 집회에는 지장이 없을 겁니다."

"황 목사님, 편도 표를 사시면 안 됩니다. 요즘은 첫 비행기를 타지 않으면 노쇼No Show로 처리되어 이어지는 비행기표 전체가 다 취소됩니다. 지금 산 표 취소하시고 전체 일정에 맞추어 모두 다시 사셔야 합니다."

또다시 머릿속이 하얘졌습니다. 다시 비행기표를 사느라 꼬박 밤을 새우고 다음 날 아침 일찍 공항으로 나가 체크인을 하고 게이트 앞에서 기다리는데 전화가 걸려 왔습니다.

"황국명 씨죠?"

어제 인터넷으로 표를 취소했는데 여행사에는 취소를 하지 않아 그 표가 살아 있다는 겁니다. 부랴부랴 태국에 있는 여행사에 전화를 했더니 본인은 영어를 못 한다고 해서 영어를 할 수 있는 곳으로 전화를 다시 하고, 본인들은 취소가 안 되니 한국 지점으로 전화하라고 해서 전화하니 이른 시간이라 받지 않고…. 아무튼 이 문제로 며칠 동안 실랑이를 벌였는데도 결국은 해결이 안 되어서 비행기표 값만 800만 원이 넘게 들었습니다.

우여곡절 끝에 무사히 도착을 해서 카타르 한인교회 집회를 잘 마쳤지만, 제 실수로 엄청난 빚을 지게 되었으니 재정 부담이 매일매일 마음을 짓눌렀습니다. 하지만 내색도 못 한 채 카타르 일정을 마치고 터키의 앙카라에 도착했습니다. 지쳐 있는 한인 선교사님들을 정성껏 섬겨 드리고 음반도 선물하고 마지막 일정인 이스탄불 한인교회로 갔습니다. 제 순서 전에 <주여 지난 밤 내 꿈에> 찬송을 부르는데 눈물이 주르르 흘러내렸습니다. 그러면서 회개가 터져 나왔습니다.

수많은 어려움을 겪었지만 내 능력과 노력보다는 하나님의 은혜로 여기까지 왔는데, 그 은혜에 감사하기는커녕 꼬인 일들과 재정 부담에 평안 없는 상태로 집회를 인도해 온 모습이 너무나 초라하고 하나님께 죄송했습니다. 그래서 아무리 고민하고 걱정해 봐야 해결되지 않는 문제들로 불편하게 보냈던 일들을 회개하고, 마지막 집회를 내 생애 마지막 집회인 양 인도했습니다. 포기하고 내려놓아야 평안이 온다는 사실을 또다시 맛보며 집회를 마치고 단에서 내려오자 밖에서 진기한 장면이 펼쳐지고 있었습니다.

교회 규모를 묻거나 사례를 정해 놓고 집회를 가지 않는지라, 실수로 인한 마이너스 재정을 좀 만회해 볼 욕심으로 카타르에 갈 때 음반을 많이 챙겨 갔습니다. 하지만 그곳 교회는 성도 숫자도 얼마 안 되었고 대부분 젊은 분들이라 음반 판매가 저조했습니다. 앙카라 선교사님 모임에서 음반을 선물로 드리고도 제법 많이 남아 제 아내가 집회 후 멋쩍게 판매를 위해 앨범을 몇 장 꺼내려는데, 도움 주는 선교사님 한 분이 성도 숫자에 비해 훨씬 많은 음반을 꺼냈습니다.

"사모님, 이런 건 사모님이 하시는 게 아닙니다. 걱정 말고 제게 맡기세요."

대부분의 성도가 음반을 사주었지만 여전히 음반이 많이 남아 아내가 가방에 담으려 하자 그 선교사님이 또 말씀했습니다.

"사모님, 이곳에서는 꺼낸 음반을 다시 담는 법이 없습니다."

그러더니 자신의 주머니에서 현금 한 움큼을 꺼내서 남은 음반을 모두 구입해 주었습니다.

또 한 분의 권사님은 자신이 운영하는 식당으로 초

대해 고가의 음식이라 제 돈 내고 먹어 본 적이 없는 참치를 그야말로 배가 터지도록 먹여 주고, 은혜를 받았다며 헌금을 해주었습니다.

숙소에 돌아와 카타르 교회에서 주신 항공료와 사례, 그리고 이스탄불의 음반 값과 헌금을 맞추어 보니 제가 잘못해서 진 카드빚과 기가 막히게 딱 맞는 게 아니겠습니까. 또 눈물이 났습니다. 이미 포기한 터라 마음에 평안이 넘쳤지만, 이토록 채우시니 은혜와 감사의 눈물까지 합쳐져 흐르고 또 흘렀습니다.

이 찬송가를 작사한 호레이쇼 스패포드가 당한 고난에는 비할 바도 안 되는 상황입니다. 그러나 우리는 이토록 작은 일상의 일로 절망할 때가 얼마나 많은지요. 내 손톱 밑의 가시가 제일 아프다는 속담처럼, 이 일로 저는 세상 다 산 것처럼 땅이 꺼져라 한숨을 쉬며 하나님께 원망 섞인 푸념도 살짝 했습니다. 그런데 포기하는 순간 하나님의 은혜와 평안을 또 맛보았습니다. 내가 포기하는 순간 하나님은 일하기 시작하십니다.

내 평생에 가는 길

지금까지 지내 온 것

사사오 데쓰사부로 작사 · 박재훈 작곡

지금까지 지내 온 것 주의 크신 은혜라
한이 없는 주의 사랑 어찌 이루 말하랴
자나 깨나 주의 손이 항상 살펴 주시고
모든 일을 주 안에서 형통하게 하시네

몸도 맘도 연약하나 새 힘 받아 살았네
물 붓듯이 부으시는 주의 은혜 족하다
사랑 없는 거리에나 험한 산길 헤맬 때
주의 손을 굳게 잡고 찬송하며 가리라

주님 다시 뵈올 날이 날로날로 다가와
무거운 짐 주께 맡겨 벗을 날도 멀잖네
나를 위해 예비하신 고향집에 돌아가
아버지의 품 안에서 영원토록 살리라

✦

　다윗과요나단의 완전체 음반은 2009년 '더 메모리'로 끝이 났지만, 신곡 발표에 대한 부담감이 있어 언젠가 하나님이 여건과 재정을 허락하시면 다시 만들어 보려고 합니다.

　사실 '더 메모리' 음반이 염려와는 달리 좋은 반응을 얻었고 결과도 만족스러워 음반을 출시한 이듬해에 오랫동안 마음에 두었던 찬송가 음반을 계획했습니다. 음반회사 사장님이 그 작업에도 투자를 해주기로 해서 진행을 했습니다. 그런데 다윗과요나단이 완전체로는 거의 사역을 할 수 없는 상황이다 보니 함께 음반을 만들더라도 혼자 하는 집회에서 사용하기 어려운 이러저러한 여러 사정이 있어서 포기했습니다.

　그러다가 CTS TV에서 '헌신예배'라는 프로그램을 진행하다가 건반을 연주하는 최유정 자매와 이문세 밴드의 기타리스트 손성목 형제를 알게 되었습니다. 실력도 있고 사람도 좋아서 '다윗과요나단 30주년 기념 콘서트'와 '월드비전과 함께하는 콘서트' 등에서 동역을 하면서 가족처럼 지냈습니다. 어느 날, 손성목 형제와 최유정 자매가 어쿠스틱 듀오 '동행'이라는 이름으로 찬송가 연주 음반을 출시해 제게 선물로 주어서 듣는데 찬송가 음반에 대한 생각이 다시 꿈틀대기 시작했습니다.

하지만 수천만 원이나 되는 제작비도 그렇고 완전체로 만들 수도 없어서 재정이 채워질 때마다 혼자서 하나씩 만들기로 하고 진행하다가, 마지막에는 재정 부담이 생각보다 커서 다시 재정이 마련될 때까지 중단하자고 했는데 두 친구가 제작비를 못 받아도 끝까지 만들겠다고 해서 마침내 완성을 했습니다.

다윗과요나단이 완전체로 부를 때는 화음이 있어서 제가 소리를 지르지 않아도 되지만, 혼자 부르면 음역대를 높여 힘이 느껴지게 불러야 합니다. 하지만 어렵고 힘들던 시절, 예배당에 혼자 앉아 흥얼거리다 울던 그 느낌이 좋아서 담담하고 나지막하게 부르기로 콘셉트를 바꾸었습니다. 이렇게 해서 다윗과요나단 황국명의 <나즈막히 찬송가 부르기> 음반이 2020년 1월 초에 완성되었습니다.

두 친구에게 음반 제작비도 갚아야 했고, 한인교회 사역과 더불어 몇 가지 개인적인 일도 있어서, 기왕 가는 길에 두 사람도 같이 미국에 가기로 했습니다. 평상시 같으면 2주 정도 혼자 집회하고 돌아오는데, 최유정 자매와 손성목 형제의 여행경비와 사례까지 감당하기 위해 한 달간 무려 26회의 찬송가 투어 콘서트를 진행했습니다.

2020년 2월 19일 귀국해서 3월부터 한국 일정을 시작하려 했는데, 귀국하던 날 대구 신천지발 코로나19 확

산 사태가 터지면서 모든 일정이 취소되었습니다. 처음 한 달은 미국을 다녀오느라 지쳐 있어서 쉬는 시간이 그저 좋았습니다. 마침 아들네가 분가하면서 저희가 작은 공간으로 이사해 보증금이 조금 남아 있어 생활도 해나 갈 수 있었습니다.

그런데 코로나19 상황이 두 달이 넘어가면서 생활비는 바닥이 났고 생활고로 이어져 매우 고통스러웠습니다. 미국에서 시작해 15년간 부었던 보험을 해약해서 생활비로 쓰려 했지만, 중도 해약을 하면 한 푼도 못 받는다는 말에 망연자실했습니다.

하지만 제가 사망하면 억대의 보상금이 나온다고 해서 혼자 매일 산에 오르며 '하나님, 저 좀 데려가 주시면 안 될까요? 가장의 무게가 너무 무거워 견디기 힘듭니다. 저는 주님 예비하신 본향 집으로 가고 남은 가족들만이라도 생활비 걱정하지 않고 살게 해주시면 안 되겠습니까?' 하고 울며 매달렸습니다.

그러다가 현장 사역이 막혔다고 좌절하고만 있을 수는 없어 유튜브를 통한 온라인 사역을 시작했습니다. '다윗과요나단TV' 유튜브 채널에 새벽에는 매일 성경을 읽어 올리고, 저녁에는 찬양 한 곡씩을 간증과 함께 촬영해 올렸습니다. 마침 미국에서 영상을 전공한 아들이 도움을 주었습니다.

거실에 카메라 세 대를 세우고 중고 조명기구와 중국산 저가 마이크를 사서 죽으라고 제작해 올렸지만, 봐주는 사람이 별로 없어 좌절한 날이 많았습니다. 하지만 이 사역이라도 감당해야 했기에 '보이는 라디오'와 '온라인 찬양예배'도 촬영해 올렸습니다.

찬양예배를 거실에서 찍으니 층간소음으로 신고가 들어와 지하 합주실을 유료로 빌려서 촬영하기도 했습니다. 저희 사연을 듣고 팀사운드 대표님이 자신의 사무실 공간에서 예배할 수 있도록 배려해 주어 한동안 그곳에서 작업했지만, 여러 장비를 들고 다니며 촬영하는 것이 힘에 부쳤습니다.

집회가 없는 동안 전태식 목사는 냉동차를 운전하며 생계를 이어가고 있었는데, 12월에 둘이 함께하기로 했던 월드비전 콘서트가 모두 취소되어 친구에게 미안한 마음도 컸습니다. 그래서 친구에게 사례비를 주면서 처음으로 유튜브 라이브 콘서트를 준비했습니다. 이른바 2020년 '올해 처음이자 마지막 콘서트'를 진행했고, 그게 유튜브에서 소위 대박이 났습니다.

공연 후에 전해 들으니 400명 가까이 라이브 방송을 봤다고 합니다. 저는 집회나 콘서트 때 그보다 훨씬 많은 성도와 관객을 만났으니 그 숫자가 그리 놀랍지 않았습니다. 하지만 유튜브 구독자 10만 명이 넘어도 라이브 방송에는 100명 참여하기 어렵다는 얘기를 나중에 전해 듣고서 유튜브 세계를 조금 이해했습니다.

그때 처음, 다윗과요나단이 함께할 수 있도록 구독자들께 후원을 부탁했습니다. 그전까지 개인적인 관계에서 헌금해 주는 분이 몇몇 있었지만, 그날 이후 천 원부터 시작해서 눈물겨운 헌금들이 들어왔습니다. 이에 힘입어 '다윗과요나단 음반 다시 부르기 콘서트'를 진행할 수 있었습니다. 또한 생활 대책이 없는 찬양사역자들의 플랫폼이 되고 싶다며 후원을 요청했는데, 그 또한 채워 주셔서 '시편과 찬양'이라는 온라인 예배와 '찬송가 큐티', '찬양 수다방' 등을 통해 찬양사역자들께 물질을 흘려보내는 통로가 되고 있습니다.

팀사운드의 헌신으로 귀한 장소에서 계속 예배하고 콘서트를 진행하다가 '2집 다시 부르기 콘서트'에서 발생한 음향사고를 계기로 빚을 내어 스튜디오 공간을 임대했습니다. 제 힘으로는 도저히 감당할 수 없는 일이지만, 필요할 때마다 엘리야의 까마귀 같은 손길들을 통해 하나하나 해결해 가는 재미를 느끼며 요즘은 온라인 사역에 최선을 다하고 있습니다.

유튜브를 시작한 지 8개월이 되던 2020년 12월에 구독자가 1,000명이 되었고, 이 글을 쓰고 있는 2021년

10월 현재 2만 6,000명을 넘어섰습니다. 어렵게 마련한 공간을 찬양사역자들이 마음껏 와서 무료로 사용하도록 기도했더니 다양한 사역자들이 정말 무료로 사용해도 되느냐고 문의해 옵니다. 저는 밥까지 사줄 테니 오라고 얘기하고 있습니다. 성도님들이 보내 주신 헌금으로 이 사역을 이어 가고 있습니다.

지금까지 지내 온 모든 것은 정말로 주의 크신 은혜입니다. 먼저 그의 나라와 그의 의를 구하라고 하셔서 그리했더니 이 모든 것을 더하여 주셨습니다. 코로나19의 고난뿐만 아니라 더 심한 어떤 고난의 상황일지라도 주님의 말씀에 순종하면 우리가 생각할 수 없는 기적을 맛보리라 믿습니다.

네 하나님 여호와께서

이 사십 년 동안에

네게 광야 길을 걷게 하신 것을 기억하라.

이는 너를 낮추시며 너를 시험하사

네 마음이 어떠한지

그 명령을 지키는지 지키지 않는지 알려 하심이라.

너를 낮추시며 너를 주리게 하시며

또 너도 알지 못하며 네 조상들도 알지 못하던

만나를 네게 먹이신 것은

사람이 떡으로만 사는 것이 아니요

여호와의 입에서 나오는

모든 말씀으로 사는 줄을

네가 알게 하려 하심이니라.

(신 8:2-3)

✦

지금까지 부족한 저의 이야기를 들어 주셔서 감사합니다. 다윗과요나단 사역을 응원해 주시는 성도님들, 가장 아름다운 화음으로 동역하는 친구 전태식 목사, 사랑하는 가족에게 마음 다해 감사를 드립니다.

그리고 이 모든 것을 있게 하신 나의 주 나의 하나님께 영광과 찬송을 올려 드립니다.

지금까지 지내 온 것

다윗과요나단이 걸어온 길

1981년 황국명·전태식 남성 듀엣으로 활동 시작

1985년 제4회 극동방송 전국복음성가경연대회에서 특별상 수상

1987년 1집 <친구의 고백>

1988년 2집 <담대하라>

1989년 3집 <주님을 느껴 봐요>

1991년 베스트 음반

1992년 4집 <울지 말아라>

1994년 5집 <이사야 41:10>

1995년 크리스천 캠프송

1996년 6집 <주님의 손>

1997년 라이브 앨범

1998년 7집 <잠언 3장>

2001년 20주년 베스트 음반

2003년 8집 <주님과 함께>

2004년 9집 <찬양합니다>

2005년 찬양부흥회 <회복>(황국명 솔로 음반)

2007년 찬양부흥회 2집 <회복 2>(황국명 솔로 음반)

2009년 더 메모리 <하나님의 사랑 주님의 눈물>

2015년 다윗과요나단> 30주년 앨범

2020년 <나즈막히 찬송가 부르기>(황국명 솔로 음반)

1991, 1994, 1995, 1996, 1997년 '한국복음성가 대상' 수상

국내외 찬양부흥회 및 집회 10,000여 회(황국명) 인도

《친구의 고백》 초판 제작에 동역해 준 분들

권복순   전서영

김익곤   J아뜰리에(이현숙)

김지연   황환규

김환수

꼬끼오(금촌1점)

나영자

남성희

덕풍교회

명구자

서영일

서정환

신원마을교회

아바서원

양진미

오미형

YD푸드컴

이경화

이범진

이영득

이정강

이현숙

임원순

잉클링즈

친구의 고백

다윗과요나단 행복한 고난의 40년, 찬양과 감사 에세이

초판 1쇄 발행 2021년 11월 17일

지은이 황국명
펴낸이 이현주
책임편집 이지든 이현주
디자인 즐거운생활
펴낸곳 사자와어린양
출판등록 2021년 5월 6일 제2021-000059호
주소 (03140)서울시 종로구 삼일대로 428, 5층 500-28호(낙원동, 낙원상가)
전화 010-2313-9270 **팩스** 02)747-9847
이메일 sajayang2021@gmail.com **홈페이지** https://sajayang.modoo.at

ISBN 979-11-976063-0-4 03230

✚ 사자와 어린 양이 뛰놀고 어린이가 함께 뒹구는 그 나라의 책들 ✚